Despertando para sonhar e Poeira de estrelas

Coleção
Teatro Jovem :) :(

Eduardo Bakr

Despertando para sonhar e Poeira de estrelas

Ilustrações
Gamba Jr.

Coleção
Teatro Jovem :) :(

EDITORA
NOVA
FRONTEIRA

© 2005 by Eduardo Bakr de Souza Faria

Direitos de edição da obra em língua portuguesa no Brasil adquiridos pela EDITORA NOVA FRONTEIRA S.A. Todos os direitos reservados. Nenhuma parte desta obra pode ser apropriada e estocada em sistema de banco de dados ou processo similar, em qualquer forma ou meio, seja eletrônico, de fotocópia, gravação etc., sem a permissão do detentor do copirraite.

EDITORA NOVA FRONTEIRA S.A.
Rua Bambina, 25 – Botafogo – 22251-050
Rio de Janeiro – RJ – Brasil
Tel.: (21) 2131-1111 – Fax: (21) 2537-2659
http://www.novafronteira.com.br
e-mail: sac@novafronteira.com.br

CIP-Brasil. Catalogação-na-fonte
Sindicato Nacional dos Editores de Livros, RJ.

B142d   Bakr, Eduardo
           Despertando para sonhar, e, Poeira de estrelas / Eduardo Bakr ; ilustrações Gamba Jr. – Rio de Janeiro : Nova Fronteira, 2005
           (Coleção Teatro Jovem)

           ISBN 85-209-1761-5

           1. Teatro juvenil brasileiro (Literatura). I. Gamba Jr. II. Título. III. Título: Poeira de estrelas. IV. Série.

CDD 028.5
CDU 087.5

A meu avô Washington,
que me ensinou o poder das palavras;

A minhas avós Célia, Janet e Ninita,
que me alimentam de carinhos, alegrias e mistérios.

E à memória:

Do meu avô Messias,
que me ensinou os segredos da máquina do tempo;

Do primo Rafael e dos tios Ricardo e Valéria,
cheios de luz.

À minha família e amigos,
habitantes da vida e do imaginário,
alicerce e natureza dos sonhos.

sumário

Despertando para sonhar, 9

Poeira de estrelas, 63

Lista de citações e referências, 121

Glossário de termos teatrais, 125

O autor, 127

despertando para sonhar

personagens

Ator 1, aparenta vinte anos, representa os personagens:
ÍCARO JOVEM / GUTO ALVES / JOSEPH BRODSKY

Ator 2, aparenta quarenta anos, representa os personagens:
DÉDALO / PAI DE ÍCARO / INTERROGADOR / ÍCARO MADURO

SECRETÁRIA

VOZ DA MULHER DO METRÔ

Equipe de filmagem:
DIRETORA
CÂMERA
ASSISTENTE
OPERADOR DE SOM
ILUMINADOR

Outros personagens podem ser criados, tais como: diretor de fotografia, contra-regra, maquiador, continuísta, cenotécnicos, carregadores etc.

Para a melhor compreensão dos ambientes, o autor sugere que a cenografia seja assim resolvida:

1. O cinema — onde acontece a noite de estréia do filme. Preferencialmente com uma imensa tela que cubra toda a boca de cena (onde será projetado o filme);

2. O *set* de filmagem — que possui os dois cenários do filme (o vagão de metrô e a praça onde pai e filho se encontram) e, ainda, o "em torno" onde trabalha toda a equipe de filmagem: diretora, câmera, contra-regra, maquiador, operadores de som e luz etc.

A equipe de filmagem também é a equipe que trabalha na peça, ou seja, todas as mudanças de cenário, som, luz etc. são feitas à vista do público, acentuando ainda mais o aspecto metalingüístico do espetáculo.

ficha técnica

Despertando para sonhar

AUTOR
Eduardo Bakr

DIREÇÃO GERAL
Tadeu Aguiar

DIRETOR ASSISTENTE
Djalma Thürler

ASSISTENTE DE DIREÇÃO
Milenka Faini

ATORES
Tadeu Aguiar
Eduardo Bakr

PARTICIPAÇÕES ESPECIAIS EM MULTIMÍDIA
Suzana Faini
Sylvia Massari
Leila de Lima

CENÓGRAFO
Edward Monteiro

ILUMINADOR
Paulo César Medeiros

FIGURINISTAS
Ronald Teixeira
Flavio Graff

TRILHA SONORA
Mário Avellar

DIREÇÃO DO FILME
Francisco de Paula

DIREÇÃO DE FOTOGRAFIA
Jacques Cheuiche
Mustafá Barat

MAQUIAGEM
Guilherme Pereira

PROGRAMAÇÃO VISUAL
Gamba Jr.

COORDENAÇÃO PEDAGÓGICA
Eduardo Bakr

OPERADOR DE LUZ E MULTIMÍDIA
Sérgio Martins

CONTRA-REGRA
Marcelo Valentin

SECRETÁRIO-GERAL
Ricardo Ferreira

PRODUÇÃO EXECUTIVA
Lilian Bertin

CENOTÉCNICA E ADMINISTRAÇÃO
J. Faria

AGRADECIMENTOS ESPECIAIS
Edina Fujii e equipe da Quanta
Maria Luiza de Mendonça

ASSESSORIA JURÍDICA
Halbout & Kerr Pinheiro Advogados Associados

IDEALIZAÇÃO E COORDENAÇÃO ARTÍSTICA DO PROJETO TEATRO JOVEM (www.teatrojovem.com.br)
Tadeu Aguiar

ESTRÉIA: Março de 2003, no Programa Educativo do Centro Cultural Banco do Brasil, São Paulo.

ato único

prólogo

(No início do espetáculo, o cenário é um cinema. É a noite de estréia do filme de Ícaro Fiori. Os atores e a diretora entram em cena e posicionam-se à frente da tela de projeção para apresentar o evento.)
(Caso a cena 1 seja feita ao vivo — sem projeção —, as falas de apresentação dos atores devem ser ditas pela personagem diretora. Caso a diretora seja feita com voz off, esta sua primeira fala deve ser cortada.)

Diretora — É com grande prazer que eu os recebo para a primeira exibição deste nosso filme, deste nosso sonho em película. É importante dizer que nada disso estaria acontecendo senão pelo empenho deste meu querido amigo, que também é produtor, ator e roteirista. Assim, antes de passar a palavra a ele, eu quero dizer que estou muito orgulhosa de participar deste projeto. Obrigada.

Ator / Dédalo *(como se estivesse improvisando algo que pensou falar e realmente nervoso com o que a platéia poderá achar do filme)* — Como sabem, este é o meu primeiro longa-metragem e eu não poderia deixar de compartilhar este momento com vocês e de agradecer aos amigos, investidores e patrocinadores. Não só por me ajudarem a realizar este filme, mas, também, por colaborarem para o crescimento cultural do nosso país. Obrigado.

Ator / Ícaro — Eu pensei em falar um pouco sobre o filme, mas acho que o filme pode falar por si mesmo. Então, por favor, divirtam-se!

(Os atores saem de cena. A projeção do filme se inicia.)

cena I

(toda filmada e projetada na tela de cinema)

Créditos: Logomarcas (patrocínio e apoio)
Ícaro Fiori & Guto Alves
em *Despertando para sonhar*

(A imagem de um cinema preenche a tela. Logo, aparece Ícaro saindo do cinema. Em seu rosto, vê-se que ele gostou do filme que acabou de assistir. Ele pergunta as horas a alguém. Está atrasado. Suspira e, sem se preocupar muito com o seu atraso, segue em direção ao prédio em que seu pai trabalha.)
(Sala de espera do escritório do pai de Ícaro. Final do expediente. Cerca de 18h.)

Ícaro *(seco)* — Meu pai está aí?!

Secretária *(especialmente educada)* — Oi, Ícaro.

Ícaro *(sem paciência)* — Oi... Meu pai está aí?!

Secretária — Só um instante. Ele estava numa ligação, vou ver se ele já pode lhe...

Ícaro *(passando por ela)* — *Brigado*.

(Escritório do pai de Ícaro. Durante esta cena, o pai de Ícaro lhe entregará um livro. É importante que esta ação fique bem marcada, pois este livro irá percorrer e costurar todo o espetáculo.)

Pai *(duro)* — Você está 15 minutos atrasado!
Ícaro *(irônico)* — Isso é um problema?

Pai — Hoje não, mas um dia pode ser. Se você fosse um engenheiro...

Ícaro — Eu não vou ser engenheiro!

Pai — E vai ser o quê?

Ícaro — O que eu quiser.

Pai — E o que é que você quer?

Ícaro (*agressivo, querendo encerrar o assunto*) — Pra que que você me chamou aqui, hein, pai?!

Pai (*pegando o livro sobre a mesa e entregando-o a Ícaro*) — Quero que você leia este livro para eu discutir umas coisas com você.

Ícaro (*incrédulo e debochado*) — Você me chamou aqui só pra isso?!

Pai (*sério*) — Não. A partir de amanhã, quero que você saia da aula e venha direto pra cá. Quero você aqui no escritório.

Ícaro — Posso saber o porquê?

Pai — Eu não quero mais saber de você vendo filmes o dia inteiro. Você tem que dar um jeito na sua vida, rapaz!

Ícaro (*revoltado*) — Mas eu não estou fazendo nada demais!

Pai — Essa é a questão. Você não está fazendo nada!

Ícaro — Será que você nunca teve a minha idade, não?!

Pai — Tive. Claro que tive! Mas quando eu tinha a sua idade, eu não pude ouvir o meu pai porque ele já estava morto. Mas você vai ouvir... Querendo ou não!

Ícaro — O seu problema é esse. Você gosta muito de falar e ouve muito pouco! Eu não tenho culpa se você não teve pai.

Pai — O quê?! E você ouve alguma coisa?!

Ícaro — E eu tenho alguma alternativa?!

Pai *(determinado)* — Não adianta, eu já decidi! Pode espernear o quanto quiser. E outra coisa: pode estar certo que o que eu e a sua mãe estamos fazendo é o melhor pra você.

Ícaro — Eu quero ter a minha vida!!!

Pai — Vida... que vida? O que é que você sabe fazer, hein?! Diz pra mim! Você mal consegue ler um texto em voz alta. Você acha que o mercado de trabalho é uma brincadeira? Ou você está achando que o dinheiro cai do céu?

Ícaro — Eu só queria entender por que é que você acha que se eu for engenheiro eu vou me dar bem?! Até parece que a gente está muito bem de vida...!

Pai *(tentando ser razoável)* — Você vai ter que trabalhar em alguma coisa. Pelo menos, aqui no escritório, eu posso ajudar você.

Ícaro — Me ajudar?! Eu não vou ser engenheiro, eu odeio matemática! Tira essa história da cabeça. Como é que alguém que odeia matemática pode ser engenheiro?! Me diz?!

Pai *(sem pensar)* — Não interessa. Você vai ter que aprender a gostar!

Ícaro *(indignado)* — Só você sabe de tudo, né?! Eu nunca sei de nada!! Você deve ser um grande exemplo mesmo: só eu que não vejo!

Pai *(perdendo as estribeiras)* — Se você não quer entender, ou quer se fazer de burro, o problema é seu! Mas enquanto você morar na MINHA casa, vai ser do meu jeito! Entendeu?! Entendeu?! Entendeu?!

(Ícaro olha furioso para o pai e sai do escritório. Sala de espera do escritório do pai de Ícaro. Ícaro sai batendo a porta, cego de raiva. Passa pela secretária. Pára, olha pra ela, se aproxima e joga o livro sobre a mesa. Ícaro sai a toda velocidade. Seu pai abre a porta do escritório — com um misto de vergonha, irritação e decepção —, apanha o livro, entra no escritório outra vez.)

(Ícaro sai do prédio. Ícaro corre pelas ruas, passa por carros, pessoas... Ele pára, olha ao seu redor, como se pudesse estar sendo seguido. Não vê ninguém. Corre outra vez. As cenas são rápidas. Subitamente, Ícaro pára de correr, olha firme o vazio. Ouve o silêncio. Ícaro começa a andar. Um som frio corta o ar. Silêncio. Ele está em uma pequena praça arborizada. Está cansado. Vê um banco. Senta-se. Deita. Adormece. A imagem turva.)

(Num volume bastante alto, como se fosse dentro da cabeça de Ícaro, ouve-se o som do metrô se aproximando, parando e abrindo as portas.)

cena 2

Voz da diretora *(em* off*)* — Ação!

(A tela de projeção de cinema sobe. A cena agora é representada ao vivo no estúdio de filmagem. É como se o espectador fosse transportado para os dias de gravação do filme a que está assistindo. No set, o cenário é um vagão de metrô. Os refletores estão aparentes. O banco de praça em que Ícaro se deitou durante o filme é idêntico ao banco do vagão do metrô.)
(Quando a tela sobe, o ator que representa Ícaro já está em cena — na mesma posição em que adormeceu, no banco de praça, no filme.)

cena 3

(Ícaro abre os olhos. Ele não está mais na praça. Agora ele está dentro de um vagão de metrô. Um som frio corta o ar. Silêncio. O metrô está quase sem energia, praticamente sem iluminação. Ícaro olha ao seu redor como se se sentisse observado por alguém. Medo. Subitamente, o vagão pára. Um curto-circuito cria quase um blecaute.)

Ícaro — O que é isso? O que é que está acontecendo? Quem apagou as luzes? Acende essa droga! Acende essa droga!

(Subitamente ouve-se uma campainha que anuncia a voz da mulher do metrô. Esta voz será sempre dublada por Dédalo, como se ele a produzisse, como se fosse um ventríloquo. Naturalmente, sem deixar que Ícaro perceba nada.)

Voz da mulher do metrô *(Dédalo aparece em uma das janelas do metrô)* — Informamos aos eventuais passageiros que estão fazendo uso de nossos serviços que houve uma queda direta de energia em nosso sistema, de maneira que temporariamente os vagões da linha 391 permanecerão parados. Tão logo seja possível, iremos acender as luzes de emergência. Contamos com a sua compreensão.

Ícaro *(irritado)* — Era só o que faltava... Ficar preso nessa droga de vagão! Compreensão, compreensão. *(pausa curta. Resmunga)*

cena 4

(Ícaro ouve um barulho muito alto, se assusta. As luzes oscilam.)

Ícaro — Quem está aí?!

(Ícaro ouve outro barulho. Medo. Tensão.)

Ícaro — Quem está aí?!

(Assustado, Ícaro não vê nada. De súbito, percebe um outro personagem em cena. É Dédalo, o mendigo, o anjo. Quando Dédalo começa a se levantar, uma luz forte invade o cenário na direção de Ícaro. Dédalo pára e fica olhando para Ícaro. Pausa curta. Estranhamento. Dédalo está vestido com trapos e tem uma bolsa a tiracolo.)

Ícaro *(fingindo não ter medo)* — Como você entrou aqui?

(Dédalo não responde nada.)

Ícaro — Qual é a sua, cara? O que você quer?

Dédalo — O que EU quero?! O que VOCÊ quer?!

Ícaro — Não é da sua conta.

Dédalo — Responda direito, garoto.

Ícaro — Não tenho nada pra responder.

Dédalo — Então invente uma coisa. Eu quero a minha resposta.

(Ícaro emudece de medo.)

Dédalo *(ameaçador)* — O que foi? Perdeu a língua? Ou está pensando em chamar o papai pra falar comigo?

(Pausa.)

Ícaro *(tirando algum dinheiro do bolso e entregando)* — Olha... eu praticamente não tenho dinheiro. Toma essa grana aqui e pára de me encher o saco.

Dédalo — Eu não pedi dinheiro nenhum, garoto. *(num passe de mágica, pega o dinheiro e transforma-o em uma flor)* Responda o que eu perguntei!

Ícaro *(engolindo em seco)* — Eu não estou fazendo nada. Estou só matando o tempo. Ia pra casa de um amigo, mas achei melhor dar um *rolé*.

Dédalo — Seus pais sabem que você está aqui?

Ícaro — Não.

Dédalo — Mané.

Ícaro — Mané? Eu? Olha pra você. Olha o seu estado, cara. Me espanta você não estar fedendo.

Dédalo — Também me espanta você não estar fedendo.

Ícaro — Eu?

Dédalo — Achei que você ia se borrar quando eu aparecesse.

Ícaro — Pois se enganou!

Dédalo — Quanta coragem para um fugitivo...

Ícaro — O que é que você está olhando?

Dédalo — Você. Foge de casa com medo do papai e da mamãe e acha que pode ser corajoso na rua. Vai quebrar a cara!

Ícaro — Eu não saí de casa com medo de ninguém. A gente pensa muito diferente, só isso. Achei melhor dar um tempo.

Dédalo — Não dava para ajeitar as coisas?

Ícaro — Talvez... Se eles fizessem uma lavagem cerebral.

(Dédalo apanha em sua bolsa o mesmo livro que o pai de Ícaro tentou lhe entregar no escritório. Ícaro, sem dizer nada, reconhece o livro. Deste mesmo livro irão surgir todas as outras citações feitas por Dédalo, inclusive os provérbios populares.)

Dédalo *(abrindo o livro e lendo)* — Deus disse: *"Fiat lux!"*, e a luz se fez.

Ícaro — Eu não sou Deus.

Dédalo — Disso eu não tenho dúvidas. "Sabemos o que somos, mas não sabemos o que poderíamos ser."

Ícaro — Numa boa, eu não estou a fim de falar com ninguém, não. E, olha, não é por nada, mas eu não acredito que os conselhos de um mendigo possam me ajudar muito, valeu?!

Dédalo — Quem disse que eu sou um mendigo?

Ícaro — Meus olhos.

Dédalo — "Nem tudo é aquilo que lhe parece."

Ícaro — Tudo bem. Valeu. Você deve ser médico e sou eu que estou vendo mal.

Dédalo — Isso não importa. Você não tem escolha.

Ícaro — Que história é essa de escolha? Há quanto tempo você está me seguindo?

Dédalo — Isso não importa, Ícaro.

Ícaro — Como é que você sabe o meu nome?

Dédalo — Eu sei de muitas coisas.

Ícaro *(muito assustado)* — O que você quer aqui?!

Dédalo — Meu nome é Dédalo! Eu sou uma espécie de aparição!

Ícaro *(meio sem acreditar, meio com medo)* — Dédalo? Aparição? Você está me *zoando*?

Dédalo — Pode pensar o que você quiser.

(Uma luz que brota do chão ilumina Dédalo, um vento passa pelo vagão, relâmpagos — ou algum outro efeito mágico que sugira a natureza sobrenatural de Dédalo.)

Ícaro — Eu não estou entendendo...

Dédalo — Eu precisava falar com alguém e escolhi você.

Ícaro *(como quem acredita já ter muitos problemas)* — Mas por que logo eu?!

Dédalo — Porque eu sei que você está precisando de ajuda.

Ícaro — E por que você quer me ajudar?

Dédalo — Eu tenho os meus motivos.

Ícaro — Que motivos?

Dédalo — Por enquanto não interessa.

Ícaro — Claro que interessa. A troco de quê você me ajudaria?

Dédalo — É a minha natureza.

Ícaro — Isso não explica nada.

Dédalo — É o suficiente. "Existem mais mistérios entre o céu e a terra do que julga a nossa vã filosofia."

Ícaro — Bonita frase. Quer dizer alguma coisa?

Dédalo — Qual foi a parte que você não entendeu? "Mistérios"? "Entre o céu e a terra"? Ou "julga a nossa vã filosofia"?

(Pausa. Ícaro não responde nada.)

Dédalo — *Hamlet*, primeiro ato, cena 5. A frase não é minha, é de Shakespeare, já ouviu falar?

Ícaro *(tentando se mostrar inteligente)* — O autor de *Romeu e Julieta*?

Dédalo — Fico feliz que o cinema tenha ensinado a você um pouco mais do que a comer pipoca, bombas e assassinatos.

Ícaro — Por que você não faz logo o que tem que fazer e não vai embora?!

Dédalo — Seria perfeito, mas infelizmente estou proibido de fazer assim. Mesmo com um cara chato como você. São as regras...

Ícaro — Regras...?

Dédalo — Nunca ouviu falar que existem regras, regras, regras... E então?

Ícaro — Então o quê?!

Dédalo — O que você vai fazer? Qual o seu próximo passo?

Ícaro — Não é da sua conta! Isso é problema meu!

Dédalo — Vai colaborar ou não?

Ícaro — Colaborar ou não colaborar? Eis a questão.

Dédalo *(talvez blefando)* — Eu não tenho muito tempo para você, aliás, cada vez tenho menos tempo.

Ícaro *(interessado, com medo de que ele vá embora)* — Como assim?

Dédalo — Eu posso ir embora e começar tudo de novo com outra pessoa. *(talvez blefando)* O problema é seu. Você mesmo me disse. Lembra?

Ícaro — Duvido. E as regras? Esqueceu das regras?

Dédalo — Tem muita gente por aí precisando de ajuda. Se eu quiser, posso dar a minha parte por cumprida e ir embora. Sou eu quem faz o relatório. Por que você não paga pra ver?

(As portas do metrô se abrem. Dédalo se encaminha para a saída.)

Ícaro *(firme, mas quase que implorando)* — Não! Fica.

(As portas do metrô se fecham novamente.)

cena 5

(A cena é interrompida pela diretora do filme.)

Diretora — Corta!

Ator / Dédalo — Valeu?

Diretora — Pra você valeu. Se quiser, pode tomar um café.

Ator / Ícaro — E pra mim? Valeu?

Diretora — Guto, você fica. *(pausa)* Você quer ou não fazer esse filme?

Ator / Ícaro — Quero. Claro que eu quero, Suzana. É o que eu mais quero. Todo mundo aqui sabe disso.

Diretora — Então, onde é que você está com a cabeça?

Ator / Ícaro — Como assim? Não estou entendendo o que você está falan...

Diretora — Seu ensaio foi muito melhor que a cena. Você está muito desconcentrado. O que é que está acontecendo?

Ator / Ícaro *(sem jeito)* — É que eu estou com a cabeça meio bagunçada. Acho que a minha namorada está grávida.

Diretora — Então arrume a sua cabeça! Você está muito grandinho pra desconhecer camisinha e anticoncepcional. E outra: se orienta. Eu estou ajudando você a colocar o seu vagão pra andar. Veja se não joga a sua oportunidade pela janela! Todo mundo aqui tem problemas pra resolver. E, outra coisa, quando você colocar o figurino, deixe os seus problemas no camarim.

Ator / Ícaro — Desculpe, Suzana. Não vai mais acontecer. Você tem toda razão. Desculpe.

Diretora — Quer ligar pra ela um instante?

Ator / Ícaro *(envergonhado)* — Não. Não. Eu vou passar na casa dela quando sair daqui. Obrigado.

Diretora — Então vamos lá! Todo mundo no *set*! Atores nas marcas! Começa na última fala do Dédalo. Silêncio no estúdio. Luz!

Iluminador — Foi.

Diretora — Câmera!

Câmera — Foi.

Diretora — Som!

Operador de som — Foi.

Diretora — Claquete!

Assistente — Cena 5, *take* 2!

Diretora — AÇÃO!

(A cena recomeça exatamente da maneira em que estava sendo feita antes. Como se não tivesse sido interrompida.)

Ator / Dédalo *(já posicionado)* — Tem muita gente por aí precisando de... DESCULPE! ERREI! Você começou muito depressa, eu me perdi no texto. Desculpe.

Diretora — Tudo bem. Concentração. Deixa rolando. Concentra... AÇÃO!

Ator / Dédalo *(perguntando ao assistente)* — Como é mesmo a frase?

Assistente — "Tem muita gente por aí precisando de ajuda. Se eu quiser, eu posso dar a minha parte por cumprida e ir embora. Sou eu..."

Ator / Dédalo — O.k. O.k. Daí em diante eu já sei. Já posso continuar.

Assistente — Cena 5, *take* 3!

Diretora — Ação!

cena 6

(Mais uma vez, a cena recomeça exatamente da maneira em que estava sendo feita antes, como se não tivesse sido interrompida.)

Dédalo — Tem muita gente por aí precisando de ajuda. Se eu quiser, eu posso dar a minha parte por cumprida e ir embora. Sou eu quem faz o relatório. Por que você não paga pra ver?

(As portas do metrô se abrem. Dédalo se encaminha para a saída.)

Ícaro *(firme, mas quase que implorando)* — Não! Fica.

(As portas do metrô se fecham novamente.)

cena 7

Ícaro *(confessando)* — Talvez eu esteja mesmo precisando conversar com uma *aparição*. Eu não estou tendo muita sorte com as *pessoas reais*. O que eu tenho que fazer?

Dédalo — Vou começar de novo: o que você vai fazer, agora que você "está livre"? Qual o seu próximo passo?

Ícaro — Não sei. Eu não sei o que eu vou fazer agora.

Dédalo — Não sabe? Você, Ícaro? O cara das respostas na ponta da língua?

Ícaro — Não. Não sei.

Dédalo — Faça qualquer coisa: "O futuro está firme, nós é que nos movimentamos no espaço infinito."

Ícaro — Se o futuro está firme, por que o futuro não chega?!

Dédalo — "Aquilo que chamamos de 'destino' sai de dentro dos homens em vez de entrar neles."

Ícaro — Quem disse essas coisas, você ou Shakespeare?

Dédalo — Nem eu, nem ele, quem disse foi Rainer Maria Rilke. Conhece?

Ícaro — Você deve se achar muito esperto, né? Deve gastar todo o seu tempo lendo?

Dédalo — Aprendendo.

(Abre o livro. Como que provocados por Dédalo, relâmpagos e trovões invadem o cenário. Ícaro fica paralisado de surpresa, encantamento e medo.)

cena 8

Dédalo *(oferecendo o livro a Ícaro)* — E você, gasta o seu tempo com o quê?

Ícaro *(pegando o livro com muita curiosidade)* — Com o que eu quiser!

Dédalo — Você pensa que fugindo você é capaz de parar o futuro?

Ícaro — Era tudo o que eu queria: poder dar um *pause* e parar o tempo, pra eu colocar o mundo em ordem, voltando as cenas que eu gostasse mais e adiantando o que eu bem entendesse. Como se a vida fosse um filme.

Dédalo — Fugir não adianta. O tempo está aí, te devorando. Por que você não mostra para as pessoas como VOCÊ vê o mundo? É simples.

Ícaro — Não é nada simples. Quando eu nasci, ninguém me entregou um manual de instruções pra me mostrar como eu funciono, não. Eu nem sei direito o que eu estou sentindo.

Dédalo — Não dá pra sair do mundo e ficar olhando ele girar. A vida é sua. Você vai ter que se resolver.

Ícaro — Como assim?

Dédalo — Preste atenção em você. Agora, você é como este banco, ou esta janela: um objeto, quase uma inutilidade. Ocupa um espaço, mas não atua na vida, não decide nada. Como este vagão, parado, sem energia. Se ninguém precisar de você, você não faz a menor diferença.

Ícaro — Boa. Eu sou um vagão parado!

Dédalo — E foi isso que você planejou para você?

Ícaro — Eu não planejei nada pra mim. Já estava tudo planejado. Por isso que deu tudo errado!

Dédalo — E quem planejou?

Ícaro — Todo mundo. O tempo inteiro. A gente cresce ouvindo que a nossa vida tem que ser vivida de uma determinada maneira. Mas não me disseram que era eu que tinha que fazer as coisas darem certo. Acho que é por isso que eu estou aqui, trancado nessa droga de vagão de metrô!

Dédalo — Mas foi você que parou o vagão.

Ícaro — Agora você pirou de vez.

Dédalo — Eu estou falando sério. É só você abrir os olhos e sair.

Ícaro — Eu tenho medo!!!

(Ouve-se a campainha que anuncia a voz da mulher do metrô. A luz do vagão oscila. Ícaro imediatamente olha para as caixas de som, ficando de costas para Dédalo. Mais uma vez, Dédalo dubla a voz da mulher do metrô sem que Ícaro perceba nada.)

Voz da mulher do metrô — Prezados passageiros, infelizmente, ainda não temos previsão para a solução dos problemas que afligem a linha 391, assim, permaneceremos parados por mais algum tempo. Contamos com a sua resignação.

cena 9

Dédalo — "Os navios ficam a salvo nos portos, mas eles não foram feitos para ficarem ancorados."

Ícaro (*olhando firme para as portas do metrô, de costas para Dédalo*) — É claro que eu gostaria de abrir os olhos e sair desse maldito vagão de metrô...

(*Dédalo faz um gesto e as portas do metrô se abrem.*)

Ícaro — ... Mas eu fico me perguntando: pra quê? Pra ter que enfrentar tudo de novo?

(*Decepcionado, Dédalo faz um outro gesto e as portas se fecham.*)

Dédalo — Tudo o quê? O mundo? O que é que você quer? Uma nave espacial?

Ícaro — Fala sério!

Dédalo — O medo é um sentimento como outro qualquer... Absolutamente natural. E digo mais: O medo ajuda o mundo a mover-se!

Ícaro — Você acha que é bom sentir medo?!

Dédalo — Claro! Você só não pode deixar o medo te paralisar. Se você souber usá-lo, ele é ótimo.

Ícaro — Ótimo?!

Dédalo — Imagine um médico sem medo.

Ícaro — O que é que tem?

Dédalo — O medo de errar numa operação o faz estar preparado, o faz buscar a segurança. O medo de errar o ajuda a ser cada vez melhor. Só um ignorante não tem medo de nada.

Ícaro — Tudo bem. Você está falando de um médico. Mas e um padeiro? Tem medo de quê?

Dédalo — De salgar a massa. Do pão não crescer. De perder a clientela. Se ele pudesse fazer tudo de maneira automática, não seria preciso o padeiro, bastaria uma máquina. Os medos nunca passam: quando alguns medos passam, outros chegam.

Ícaro — O.k., já entendi. Mas e eu? Como eu chego às respostas?

Dédalo — As dúvidas vão lhe levar às respostas. Que perguntas estão no seu coração?

Ícaro — Acho que a pergunta é uma só: o mundo está um caos, certo? Violência, desemprego, miséria, preconceito, corrupção, guerra... Pouca gente com alguma grana, muita gente sem grana nenhuma. Mas o tempo todo eu sou cobrado: *Você tem que ganhar dinheiro! Você tem que se formar! Você tem que comprar um apartamento! Tem que ter um carro! Tem que ter isso! Você tem que ter aquilo!* Mas não é fácil.

Dédalo — Sim, e daí?

Ícaro — Como assim "e daí"? Como eu faço? Como eu faço para entrar nesse mundo?

Dédalo — Você já está nesse mundo. O mundo é um só.

Ícaro — Não, eu sei! Mas como eu faço pra alcançar essas coisas?

Dédalo — Você só está me falando de resultados. Nada disso interessa!

Ícaro — Isso pode não interessar no seu mundo, mas no meu é isso que importa.

Dédalo — Olhe aqui, garoto, eu não sou o gênio da lâmpada. Enquanto você achar que é isso o que importa, você não vai chegar a lugar nenhum.

Ícaro — Se isso não importa, o que é que importa?

Dédalo — Você: a SUA felicidade. O resto é conseqüência.

Ícaro — Escuta aqui: eu estou falando do mundo real.

Dédalo *(brada, ironicamente)* — Ora, que coincidência, eu também!

(Forte curto-circuito e queda de luz. Soa a campainha que anuncia a voz da mulher do metrô. Ícaro posiciona-se de frente para as caixas de som. Dédalo dubla a voz da mulher do metrô.)

Voz da mulher do metrô — Prezados passageiros, gostaríamos de comunicar que os reparos da linha 39... *(uma queda de energia retorce a principal parte da mensagem da mulher do metrô)* ... Obrigada a todos.

cena 10

Ícaro (*irritado por não ter conseguido ouvir a mensagem*) — E essa droga de metrô que ninguém resolve!

Dédalo — Só você pode resolver. "O essencial é invisível aos olhos."

Ícaro — Mas não é exatamente isso que eu estou fazendo? Querendo resolver a minha vida? Pensando em mim?

Dédalo (*usando o livro como bandeja*) — Ícaro, você não pode achar que se alguém viesse te servir a vida em uma bandeja com um diploma, as chaves de um carro e um apartamento, isso seria o suficiente para garantir a sua felicidade.

Ícaro — Claro que posso. O que mais eu iria querer?

(*Dédalo apanha a mochila de Ícaro e a arremessa em cima dele. Ícaro segura a mochila no ar.*)

Dédalo — A vida, Ícaro. Você iria querer a vida! Claro que o conforto é bom. Mas todas as noites quando você colocasse a cabeça no travesseiro e ninguém mais pudesse lhe ouvir, VOCÊ iria saber que as coisas que você ganhou não são realmente suas. Que se a pessoa que lhe deu tudo resolvesse lhe tirar, você não poderia fazer nada.

(*Dédalo se aproxima de Ícaro e, sem que Ícaro se dê conta, retira a mochila de suas mãos.*)

Ícaro — Calma, cara, você está exagerando!

Dédalo — Não estou, não! A vida NÃO vai acontecer! Ou você ilumina a sua vida, ou você vai viver uma vida qualquer, nunca vai sair das sombras, vai ser mais um na multidão e não vai fazer a menor diferença se você está trabalhando ou preso num vagão de metrô.

Ícaro — Sei. E a sua sugestão é que eu devo sair daqui, inventar alguma coisa para mudar o mundo, para, depois disso, finalmente, ser feliz?

Dédalo — Não, as coisas caminham juntas. Basta que você seja você.

(Acreditando estar apanhando a própria bolsa, Dédalo pega a mochila de Ícaro sobre o banco. Estranha. Percebe que pegou a mochila de Ícaro e, calmamente, oferece a ele. Ícaro, irritado, lança o braço no ar para apanhar a mochila de maneira rápida e agressiva, como se estivesse dando um soco. Dédalo, plácido, larga a mochila, ela cai sobre o banco. Ícaro fica perplexo.)

Dédalo — Demorou.

(Ícaro fica irritado com a ironia de Dédalo. Pausa.)

Dédalo — Você nunca leu Fernando Pessoa? "Para ser grande, sê inteiro. Nada teu exagera ou exclui. / Põe o quanto és no mínimo que fazes. / Assim, em cada lago, a lua toda brilha porque alta vive."

Ícaro — Fernando Pessoa já morreu.

Dédalo — Aí é que você se engana. Fernando Pessoa viveu com tanta intensidade, que ainda está vivo. Ele deixou a sua marca. Não morre.

Ícaro — Você sabe com quem está falando? Eu sou um zero à esquerda. Eu nunca vou ser mais do que aquilo que eu sou hoje. Eu quase que não consigo passar de ano em algumas matérias.

Dédalo — Einstein era um fracasso nas matérias que exigiam capacidade de memória e um professor chegou a dizer que ele jamais serviria para alguma coisa, no entanto, ele ganhou o prêmio Nobel de Física.

Ícaro — Mas Einstein era um gênio.

Dédalo — E quem garante que você não é?

Ícaro — Eu não tenho tempo para me tornar um gênio.

Dédalo — Responda uma coisa: para ir a um parque de diversões três horas são suficientes?

Ícaro — Claro que não! É pouco.

Dédalo — E para assistir uma aula de matemática? Três horas são suficientes?

Ícaro — Claro que não. É muito.

Dédalo — Viu? O tempo é relativo.

Ícaro — De onde você tirou essas idéias?!

Dédalo — Einstein: Teoria da Relatividade.

Ícaro — O problema é que, quando eu olho pra frente, não vejo nada.

Dédalo — "Mesmo as noites sem estrelas podem anunciar a aurora de uma grande realização."

Ícaro — Isso não é justo. Será que só os Einstein, os Shakespeare, os Fernando Pessoa, os Machado de Assis? Será que só os número 1 podem ser felizes?!

Dédalo — Todo mundo pode ser feliz. Basta estar vivendo o seu sonho.

Ícaro — E os que não sonham?

Dédalo — Os que não sonham são figurantes no sonho dos outros.

Ícaro (*com muito medo da vida*) — A gente pode levar quase que uma vida inteira pra realizar um sonho, cara...

Dédalo — "Você vê coisas e se pergunta: por quê? Mas eu sonho com coisas que jamais existiram e me pergunto: por que não?"

(*Despede-se. A porta do metrô se abre. Dédalo vai saindo de cena.*)

cena 11

Ícaro *(meio que ordena, meio que implora)* — Ei! Ei! Ei, você é o meu anjo da guarda, não pode me deixar na mão agora!

(Dédalo é quase que paralisado pelo desejo de Ícaro. Não consegue sair de cena. Dédalo vira-se bruscamente.)

Dédalo *(duro)* — Eu não sou o SEU anjo da guarda. De onde você tirou isso?!

Ícaro — Eu só achei que fosse, só isso.

Dédalo — Não tem importância.

Ícaro *(algo infantil)* — Mas você é um anjo, não é?

Dédalo *(brinca, abrindo os braços, simulando um par de asas)* — Talvez.

(As portas do metrô se fecham.)

Ícaro *(confuso)* — Será que você não pode ficar mais um pouco? Eu entendi o que você falou, mas eu não tenho idéia do que eu devo fazer. Na verdade, nem sei se vou conseguir fazer alguma coisa...

Dédalo — Não se preocupe: "O fracasso é apenas uma oportunidade para recomeçar com mais inteligência."

Ícaro — Mas você não pode me ajudar?

Dédalo — O máximo que eu posso fazer é lhe mostrar um sonho, mas não tenho autorização para interferir na sua vida.

Ícaro *(falando muito rápido, quase que sem respirar)* — Não, tudo bem, tudo bem, eu autorizo você, você só precisa dizer o que eu preciso fazer, pode dizer, diz!

Dédalo — Calma, apressadinho. Deixe-me pensar.

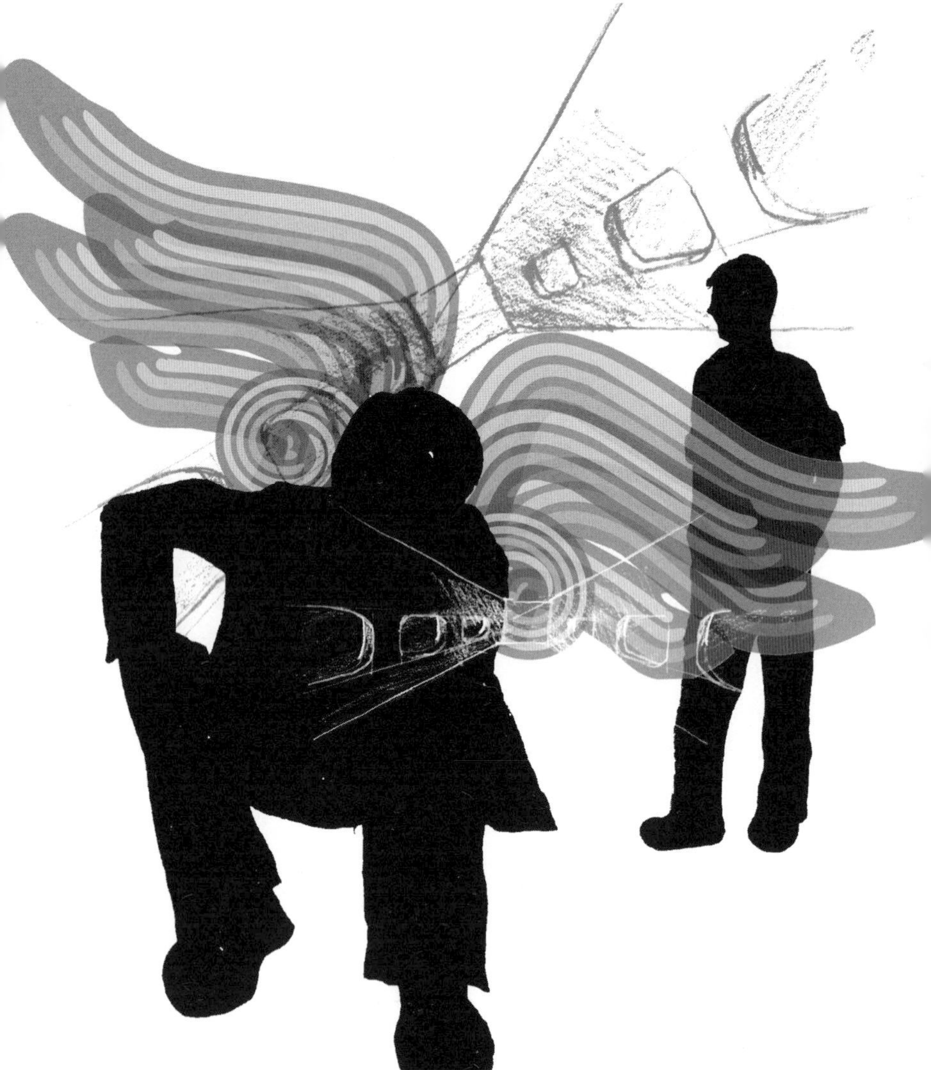

cena 12

(Por um instante, o cenário é aquecido por luzes quentes, como se anunciasse uma nova aurora. Dédalo guarda o livro e, cuidadosamente, retira de sua bolsa um fichário e oferece a Ícaro.)

Ícaro *(imaginando uma coisa maravilhosa)* — O que é isso?

Dédalo — Um fichário.

Ícaro *(decepcionado)* — E para que eu vou querer um fichário de biblioteca?

Dédalo — Calma, você já vai descobrir. Abra o fichário e apanhe a primeira ficha que contenha um nome que você nunca tenha ouvido falar.

Ícaro — Um nome que eu nunca tenha ouvido falar?!

Dédalo — Exatamente.

Ícaro — Deixa eu ver... Santos-Dumont; Cecília Meireles; Gandhi; Martin Luther King; Joseph Brodsky... Joseph Brodsky? É esse! Desse cara eu nunca ouvi falar. E agora?

Dédalo *(entregando um boné de frio a Ícaro)* — Vou lhe entregar isto e um texto. E nós vamos ler este texto juntos!

Ícaro — Ler? Pode ler sozinho. Eu prefiro ouvir.

Dédalo — O que foi? Não sabe ler?

Ícaro — Sei. Claro que eu sei... Mas é que eu leio mal.

Dédalo — Você não lê mal. Você lê com medo e sem interesse. Eu já disse: você não pode deixar o medo te paralisar. Leia como se estivesse lendo as legendas de um filme. De um BOM filme.

Ícaro — Eu vou tentar.

cena 13

Diretora *(falando com os atores)* — CORTA! Eu quero que essa cena seja bem natural. Quero que vocês improvisem e quero rodar de primeira.

(Os atores se olham, como quem não sabe o que vai acontecer.)

Diretora — Vou lhes entregar a cena agora. Não quero que vocês leiam nada até eu dar o sinal. Brodsky nasceu na Rússia, nos tempos de um regime totalitário, ele tem 24 anos e está sendo julgado por crimes contra o comunismo. A cena que vocês vão ler não é ficção, é real. Esse trecho foi extraído de uma espécie de relatório do julgamento do poeta Brodsky.

(O assistente entrega os textos com a cena do Brodsky aos atores.)

Diretora — Improvisem e não se preocupem com a câmera. Façam pra valer. Vou dar trinta segundos para combinarem alguma coisa, o.k.?

Ator / Ícaro *(para o Ator / Dédalo)* — Combinar o quê? Eu nunca li essa cena.

Ator / Dédalo — Calma, cara. A Suzana sabe o que está fazendo.

Ator / Ícaro — Ela sabe, quem não sabe sou eu.

Ator / Dédalo — Não se preocupe.

Ator / Ícaro — Não me preocupar?! É a primeira vez que eu faço um filme. Essa é a minha grande chance... Você acha que é fácil?!

Ator / Dédalo — Qual seria a graça se fosse fácil? Pense o seguinte: o Ícaro também não conhece a cena. Se concentre no personagem e aproveite isso.

Ator / Ícaro — Pra você, sim, é tranqüilo: você já conhece a cena, você escreveu o roteiro.

Ator / Dédalo — Não é nada "tranqüilo". Essa experiência também é nova pra mim. Cada cena é uma cena. Mesmo gravando duas vezes, nunca é igual.

Ator / Ícaro — O que é que eu faço?

Ator / Dédalo — Você não lembra da história do rio que não é o mesmo rio?

Ator / Ícaro — Que rio que não é rio?

Ator / Dédalo — Pense o seguinte: aqui na frente tem um rio.

Ator / Ícaro — Um rio.

Ator / Dédalo — Você pisou no rio.

Ator / Ícaro — Pisei no rio.

Ator / Dédalo — Tirou o pé.

Ator / Ícaro — Tirei o pé.

Ator / Dédalo *(apontando para bem longe)* — Se você pisar outra vez no rio, não é mais o mesmo rio, porque o rio que estava aqui não está mais aqui, está lá embaixo. Foi seguindo com a correnteza.

Ator / Ícaro — De onde você tirou isso, cara?

Ator / Dédalo — Heráclito, o filósofo grego. Nunca ouviu falar?

Ator / Ícaro — É, mas esse cara não está aqui para me ajudar, não. Eu vou ter que me virar sozinho.

Ator / Dédalo — Calma, cara. O medo de errar vai fazer com que você se saia bem. Aproveite o medo. Você não lembra das cenas anteriores?

Diretora — Vamos lá. Estão prontos? *(eles acenam que sim)* Silêncio no estúdio. Luz!

Iluminador — Foi.

Diretora — Câmera!

Câmera — Foi.

Diretora — Som!

Operador de som — Foi.

Diretora — Claquete!

Assistente — Cena 14, *take* 1!

Diretora — Ação!

cena 14

Vozes em *off* *(diversas e repetidas vezes)* — Joseph Brodsky. Joseph Brodsky. Joseph Brodsky.

(O nome Brodsky ecoa. Vertigem. A luz cai. O cenário do metrô se transforma em uma sala de interrogatório.)

Dédalo / Interrogador — Nome?

Ícaro / Brodsky — Joseph Brodsky.

Dédalo / Interrogador — Qual é sua ocupação?

Ícaro / Brodsky — Escrevo poemas.

Dédalo / Interrogador — Fique em pé. Não se encoste na parede. Olhe para a corte. Responda com respeito. O senhor tem um trabalho regular?

Ícaro / Brodsky — Achei que fosse um trabalho regular.

Dédalo / Interrogador — Seja preciso.

Ícaro / Brodsky — Eu escrevia poemas: julguei que seriam publicados. Supus...

Dédalo / Interrogador — Não estamos interessados no que o senhor supõe. Responda por que não trabalhava.

Ícaro / Brodsky — Eu trabalhava. Eu escrevia poemas.

Dédalo / Interrogador — Isso não nos interessa. Estamos interessados em saber com qual instituição o senhor tinha ligações.

Ícaro / Brodsky — Tinha contratos com uma editora.

Dédalo / Interrogador — Há quanto tempo o senhor trabalha?

Ícaro / Brodsky — Tenho trabalhado arduamente.

Dédalo / Interrogador — Não estamos interessados em arduamente! Responda certo.

Ícaro / Brodsky — Cinco anos.

Dédalo / Interrogador — Onde o senhor trabalhou?

Ícaro / Brodsky — Numa fábrica, em expedições geológicas...

Dédalo / Interrogador — E qual é seu trabalho real?

Ícaro / Brodsky — Eu sou poeta. E tradutor de poesia.

Dédalo / Interrogador — Mas eu quero saber o que o senhor faz, a sua função produtiva.

Ícaro / Brodsky — Da mesma maneira que o senhor é juiz, eu sou poeta.

Dédalo / Interrogador — Quem lhe deu autoridade para se intitular poeta?

Ícaro / Brodsky — Ninguém. E quem me deu autorização para fazer parte da raça humana?

Dédalo / Interrogador — Estudou para isso?

Ícaro / Brodsky — Para quê?

Dédalo / Interrogador — Para ser poeta? Não tentou ir para uma escola onde as pessoas são ensinadas, onde aprendem?

Ícaro / Brodsky — Não acho que se possa aprender poesia.

Dédalo / Interrogador — Como assim?

Ícaro / Brodsky — Acho que ela é uma dádiva de Deus.

Dédalo / Interrogador — Os especialistas aprovaram seus poemas?

Ícaro / Brodsky — Sim, fui publicado em um almanaque de escritores inéditos e fiz leituras de traduções do polonês.

Dédalo / Interrogador — Seria melhor, Brodsky, que explicasse à corte por que não trabalhava no intervalo de seus trabalhos.

Ícaro / Brodsky — Eu trabalhava. Eu escrevia poemas.

Dédalo / Interrogador — Mas existem pessoas que trabalham numa fábrica e escrevem poemas. O que o impediu de fazer isso?

Ícaro / Brodsky — Mas as pessoas não são iguais. Mesmo a cor dos seus cabelos ou a expressão dos seus rostos.

Dédalo / Interrogador — Isso não é descoberta sua. Qualquer um sabe disso. Seria melhor que explicasse qual a sua contribuição para o comunismo?

Ícaro / Brodsky — A construção do comunismo não significa somente o trabalho do carpinteiro ou o cultivo do solo. Significa também o trabalho intelectual, o...

Dédalo / Interrogador — Não interessam as palavras pomposas. Diga-nos como pretende organizar suas atividades de trabalho no futuro?

Ícaro / Brodsky — Eu queria escrever poemas e traduzir. Mas se isso contraria a norma geral, arranjarei um trabalho e escreverei poesia.

Dédalo / Interrogador — O senhor tem algum pedido a fazer à corte?

Ícaro / Brodsky — Eu gostaria de saber por que fui preso.

Dédalo / Interrogador — Isso não é um pedido; é uma pergunta.

Ícaro / Brodsky — Então não tenho nenhum pedido.

Dédalo / Interrogador — Brodsky, você foi condenado a cinco anos de trabalhos forçados numa fazenda estatal, na prisão de Kresty, próximo ao Arcangel. Sua função será: carregador de estrume!

(Pausa.)

cena 15

Ícaro — Mas, Dédalo, o Brodsky não realizou o sonho dele.

Dédalo *(para Ícaro)* — Claro que realizou. Os sonhos precisam de tempo e de perseverança para amadurecer. Em 1972, Brodsky foi obrigado a deixar a União Soviética, exilando-se no Estados Unidos, e em 1987 ele recebeu o prêmio Nobel de Literatura. *(pausa)* Entendeu o que é um sonho? "O alcance do homem deve ir além da sua mão."

Ícaro — Mas eu não consigo entender por que o governo queria que ele fosse trabalhar numa fábrica, deixasse de escrever poesia e estragasse a vida dele?!

Dédalo *(calmamente)* — Mas era assim.

Ícaro — E você fala isso, assim: numa boa... Isso é um absurdo!

Dédalo — Se você quiser, pegue depois um livro de história para entender melhor. Mas eu acho que, por hora, você deveria se preocupar menos com o Brodsky e mais com você.

Ícaro — Está certo, cara.

Dédalo *(pegando o texto da cena da mão de Ícaro)* — Bom... Eu já fiz mais do que devia ter feito...

(Dédalo faz um sinal para Ícaro escutar, prenunciando a mensagem. A campainha que anuncia a voz da mulher do metrô é ouvida. Ícaro, esperançoso, vira-se para as caixas de som. Dédalo dubla a voz da mulher do metrô.)

Voz da mulher do metrô — Prezados passageiros, queremos avisá-los que já foi restabelecida a força da linha 391, em breve vocês estarão alcançando seus destinos. Agradecemos a sua colaboração.

(A energia retorna. As luzes do vagão do metrô se acendem.)

cena 16

Dédalo — Agora você só precisa abrir os olhos e acordar deste sono que não te deixa fazer nada. Eu preciso ir. Boa sorte.

Ícaro — E os meus pais? Como eu resolvo isso?

Dédalo — Você vai saber se virar sozinho. Nessas horas, nosso coração nos aponta atalhos que encurtam as distâncias. Quem sabe, agora, seus pais não estejam presos em algum outro vagão?

Ícaro — Será?

Dédalo — "Quem não arrisca, não petisca!" Nunca ouviu?

Ícaro *(impressionado)* — Dédalo, de verdade, por que você quis me ajudar?

Dédalo — Kurt Weill em uma de suas músicas dizia que: "Quando nascemos, saímos da escuridão para um espaço iluminado." Mas cuidado: "A luz é inseparável da sombra, o vôo da queda." *(Dédalo vai saindo de cena)* E outra coisa: não pense que eu sou tão bonzinho, não. *(pausa curta)* Você também me ensinou bastante.

Ícaro — Eu queria que você tivesse aparecido antes na minha vida.

Dédalo — Mas eu apareci várias vezes. Você é que nunca parou para perceber.

Ícaro — Então... Eu tinha razão, não tinha? Você é um anjo.

Dédalo — Eu, anjo? Talvez.

(Asas brotam nas costas de Dédalo. Ele sai de cena. Bolhas de sabão invadem o palco. Ícaro fica sozinho por um instante, pega suas coisas e vai saindo do metrô, seguindo os passos de Dédalo.)

cena 17

Diretora — Corta!

(Os atores voltam para ouvir os comentários da diretora.)

Ator / Dédalo — E aí, Suzana? Como foi?!

Diretora — Muito bom. *(fala para Ator / Dédalo)* Você já pode ir trocar de roupa.

Ator / Ícaro *(Guto vai saindo como quem já tem certeza da resposta)* — E eu, Suzana, posso trocar de roupa?!

Diretora — Não, Guto, você fica.

(Ator / Ícaro fica decepcionado. A diretora muda o seu foco de atenção.)

Diretora — Equipe! Equipe! Vocês podem ir mudando o cenário. *(finalmente, a diretora dá atenção para o Ator / Ícaro)* Eu vou começar a explicar pra você a próxima cena. Quando você se sentir seguro, você vai pra sua marca e começamos a gravar. Está com o texto todo decorado?

Ator / Ícaro — Estou, estou, claro que estou.

Diretora — Ótimo. *(falando para a equipe)* Quero que a equipe esteja atenta. Eu não vou pedir silêncio, nem gritar "ação", estejam preparados. Quando o ator estiver pronto começamos. O.k.?

Equipe *(todos respondem, cada um a seu tempo)* — O.k.

(A diretora orienta o ator, e a equipe continua trabalhando. Enquanto executam suas funções, todos se mantêm atentos aos comandos da diretora. Em pouco tempo, o cenário do metrô já foi completamente

desfeito, e o cenário da praça, onde Ícaro adormeceu e onde pai e filho irão se reencontrar, já está todo montado.)
(É importante que o cenário da praça seja igual, ou muito semelhante, ao cenário da praça usado na filmagem: onde Ícaro deita e adormece e, onde, na próxima cena, irá reencontrar o pai.)

Diretora *(para Ator / Ícaro)* — A cena agora é o seguinte. Você estava no metrô, certo? Mas isso tudo foi coisa da sua cabeça, talvez um sonho. A sensação é muito real pra você. Você não sabe ao certo se você viveu aquilo ou não. Aí você vai se dando conta de que o tempo todo você esteve dormindo. Você está confuso. Foi um sonho? Foi realidade? Você não sabe. Agora é madrugada. Você ainda está no banco. Alguém vai chegar. É o seu pai. A cena pode ficar mais rica se, em algum momento, você perceber a semelhança física dele com Dédalo. Nada é por acaso.

(Ator / Ícaro faz o sinal de positivo e deita no banco de praça. À medida que a diretora fala, suas indicações aparecem no cenário.)
(Algumas estrelas ainda estão brilhando, há uma névoa e uma brisa suave no ar, o céu aos poucos está começando a clarear. Um homem se aproxima, é o pai de Ícaro.)

cena 18

Pai — Ícaro! Ícaro! Ícaro!

Ícaro *(um pouco lesado, sem entender onde está)* — Pai?! O que você está fazendo aqui, no metrô?!

Pai — Metrô? Ícaro, você está bem?

Ícaro *(olhando em volta e percebendo que está numa praça)* — ... Estou, pai, eu estou legal.

(Pausa.)

Pai — Ande, pegue as suas coisas e vamos embora! Sua mãe está preocupada. Nós passamos a noite inteira procurando você.

Ícaro — Pode deixar, pai. Eu me viro!

Pai *(sem acreditar no que ouviu)* — Se vira? Vai se virar como? Vai ficar dormindo em banco de praça ou vai pra casa de alguém ficar vendo filmes o dia inteiro? Você está pensando que a vida é o quê, hein?

Ícaro — Você mal me encontrou e já vai começar?

Pai — Eu só queria que você entendesse que se você não der um rumo à sua vida, você vai viver uma vida qualquer, nas sombras, vai ser mais um na multidão.

Ícaro — O que adianta você dizer isso se você não acredita que eu posso ter um sonho iluminando a minha vida?!

Pai — Eu nunca disse isso. É claro que você pode.

Ícaro — É, mas a sua sugestão, dr. Rafael Mattos Fiori, é que eu volte pra casa com você, coloque uma gravata e me torne um engenheiro, uma cópia do que você é. Aí, depois disso, eu posso pensar em ser feliz, não é isso?! Não é isso?!

Pai — Não é possível... Eu acho que a gente não está falando a mesma língua.

Ícaro — Eu acho que nós nunca falamos a mesma língua! Nunca!

Pai — Ande. Pare de bobagem. Vamos para casa! Vamos!

Ícaro — Para que casa? Para a SUA casa?!

Pai — Para a NOSSA casa. Ande.

Ícaro — Não foi isso que você me disse no escritório!

(A situação fica insustentável. Ícaro vira-se de costas para o pai. O pai não sabe o que fazer.)

Pai — Ícaro, meu filho. Eu sou igual a você, cara. Eu também posso errar. Olhe... Me desculpe se eu falei mais do que eu devia, mas você me tira do sério. Não é fácil... *(reconhecendo sua incapacidade de comunicação com o próprio filho, em um desabafo, fala para si mesmo)* Meu Deus, tudo que eu queria era mostrar este livro...

Ícaro *(olhando para o pai e reconhecendo que o livro do pai é igual ao de Dédalo)* — Este livro...

Pai — Ícaro é um nome retirado de um mito grego, a história de um jovem que ganhou asas.

Ícaro — Ganhou asas?

Pai — Ele e o pai precisavam fugir, pois estavam ameaçados de morte pelo rei. Mas eles não podiam fugir, nem por terra, nem pelo mar...

Ícaro — Por quê?

Pai — Porque todas as fronteiras estavam sendo vigiadas. Então, para dar cabo da situação, o pai, que era um extraordinário engenheiro, criou uma estrutura fantástica feita simplesmente de penas e cera de abelha. O pai dele inventou essas asas para que eles pudessem voar até o outro continente e fugir da morte.

Ícaro — E não é o máximo poder voar?

Pai — Bom... Durante o vôo, Ícaro, vaidoso de sua força, entusiasmou-se com as asas e acreditou que podia tudo. Mas sem ter participado da solução para fuga, da construção das asas, ele não tinha idéia das suas possibilidades e dos seus limites. Tomado pelo prazer, Ícaro quis voar até o Sol. Ignorando todos os avisos do pai.

Ícaro — Avisos?

Pai — De que ele não voasse muito próximo do mar, pois as asas ressecariam, nem voasse muito acima das nuvens, pois o calor do sol derreteria a cera de abelha que prendia as penas e desmancharia as asas. Então, ele caiu — do céu ao mar. O que seria a salvação da sua vida, tornou-se o caminho para a sua morte. O pai não se conformou, pois Ícaro só morreu por ter recebido as asas prontas.

(A tela de cinema começa a baixar sobre o cenário, voltando a cobrir toda a boca de cena. Ícaro e seu pai têm todo o gestual idêntico ao projetado no telão. Os atores fazem a cena em perfeito sincronismo até serem cobertos pela tela. A cena continua em projeção. Como no início do espetáculo.)

cena 19

(toda filmada e projetada na praça)

Ícaro — Tudo bem. Mas, objetivamente, o que é que isso tem a ver comigo?

Pai — Eu não quero ter que entregar pra você as asas prontas e correr o risco de repetir toda essa história.

Ícaro — O problema, pai, é que quando eu olho pra frente eu não vejo nada.

Pai — "Mesmo as noites sem estrelas podem anunciar a aurora de uma grande realização."

Ícaro — Pai? Você esteve em algum metrô?

Pai — Que história é essa, Ícaro?

Ícaro — Nada. É que estou com umas idéias aqui na minha cabeça. *(pausa curta)* Agora, me diz uma coisa: qual era o nome do pai do Ícaro?

Pai — Dédalo. O nome do pai dele era Dédalo.

Ícaro — É. "Existem mais mistérios entre o céu e a terra do que julga a nossa vã filosofia."

Pai — De onde você tirou isso?

Ícaro — Shakespeare, pai. Shakespeare.

(Subitamente a praça se enche de bolhas de sabão, como se um vento mágico as trouxesse. Os dois se abraçam. Levantam e juntos vão caminhando de volta para casa. Durante a caminhada, sobem os créditos finais.)

epílogo

(O ator / Dédalo, o ator / Ícaro e a diretora voltam à cena, na noite de estréia do filme, para agradecer a presença do público.)

Diretora — Este é o filme que nós queríamos mostrar a vocês. É um filme feito com muita luta, muito suor e, principalmente, com muita paixão.

Ator / Dédalo — Eu queria dedicar esse filme à memória do meu pai, Rafael Mattos Fiori, que infelizmente não está mais entre nós, mas que foi uma pessoa que soube realizar os seus sonhos e que me ensinou a construir as minhas próprias asas. Eu queria que ele pudesse ver que *o cara que vivia enfurnado no quarto vendo filmes* filmou sua própria história e está muito feliz nesta noite de estréia, voando alto e seguro na direção do seu sonho.

Ator / Ícaro *(para Ator / Dédalo)* — Primeiro eu queria agradecer a você, Ícaro, a oportunidade que eu tive de fazer este filme. *(para o público)* E eu também queria dividir com vocês uma frase, uma citação do grande escritor Calderón de la Barca, uma frase que acabou sendo cortada na edição do filme, mas que é uma frase que nós da equipe acreditamos muito: "Que é a vida? Um frenesi. Que é a vida? Uma ilusão, uma sombra, uma ficção? A vida é sonho, e os sonhos sonhos são."

(Os atores agradecem.)

CAI O PANO

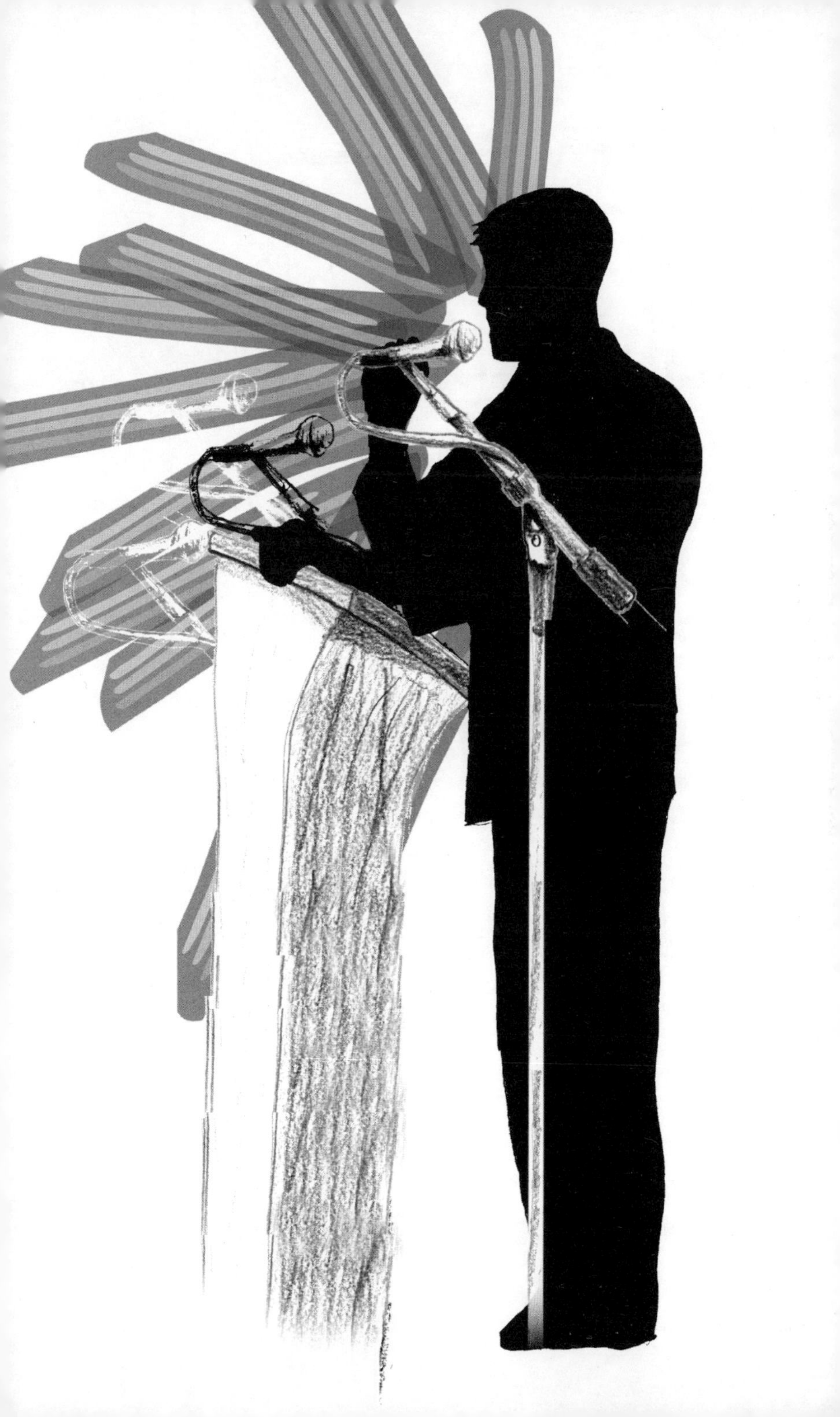

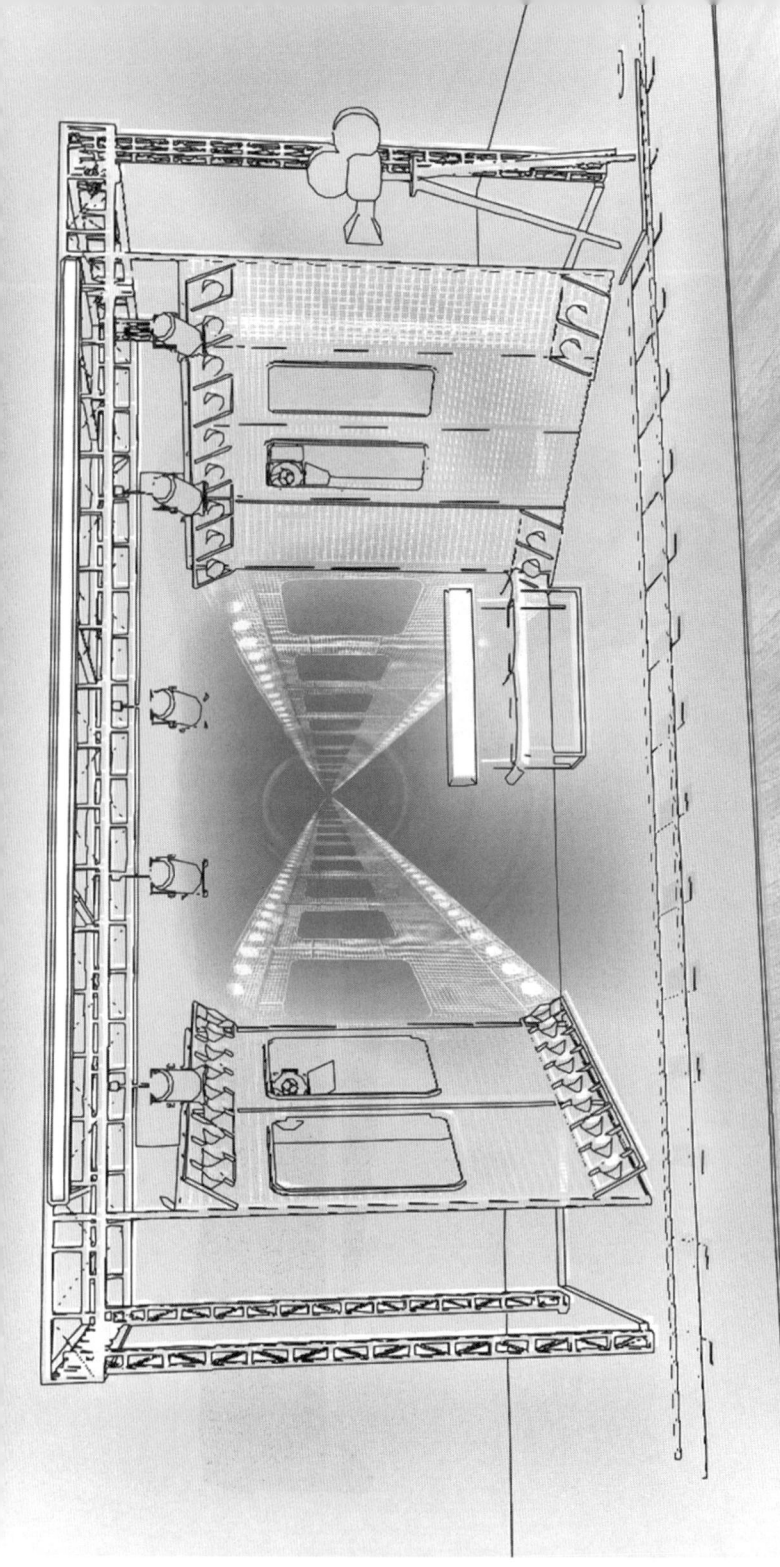

Set de filmagem — metrô

Set de filmagem — praça

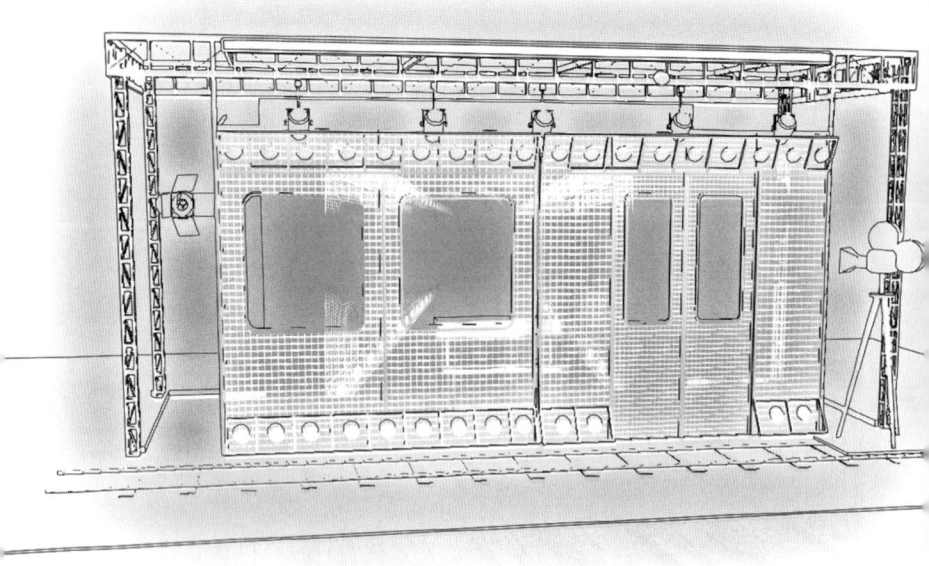

Variação set *metrô — interrogatório*

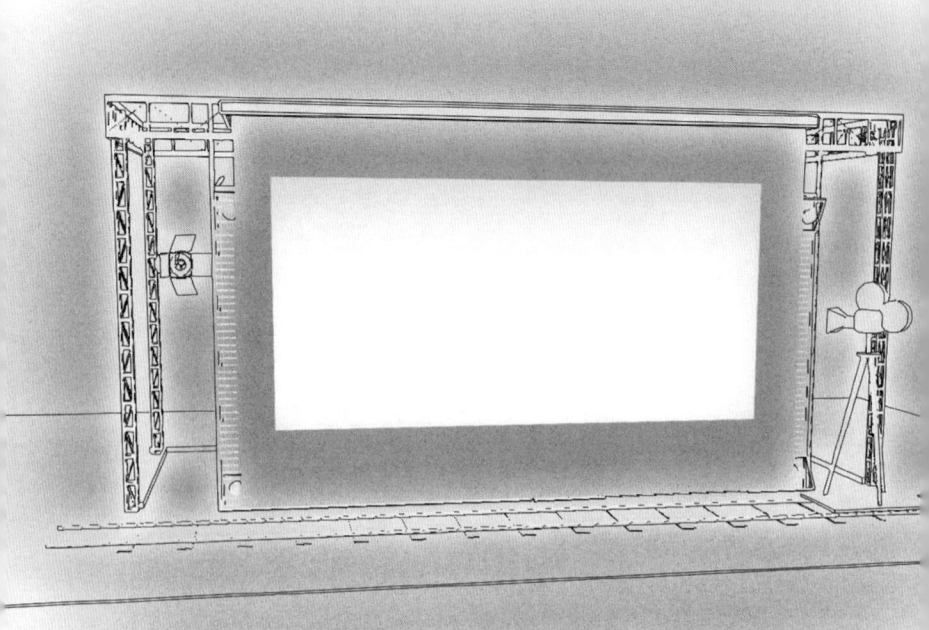

Cinema — tela de projeção

poeira de estrelas

personagens

VALQUÍRIA: aparenta 17 anos, aguarda um transplante de fígado.

GABRIEL: aparenta vinte anos, aguarda um transplante de medula.

Os dois personagens usam pijamas. As passagens de tempo podem ser pontuadas por trocas de acessórios como gorro, boné, arco, paletó etc.

ficha técnica

Poeira de estrelas

Autor
Eduardo Bakr

Direção geral
Tadeu Aguiar

Assistente de direção
Milenka Faini

Atores
Eduardo Bakr
Marina Thompson

Cenógrafo
Edward Monteiro

Iluminador
Paulo César Medeiros

Figurinista
Ney Madeira

Trilha sonora
Mário Avellar

Programação visual
Gamba Jr.

Coordenação pedagógica
Eduardo Bakr

Operador de luz e som
Sérgio Martins

Contra-regra
Marcelo Valentin

AJUDANTE DE SERVIÇOS GERAIS
Rafael Araújo

SECRETÁRIO GERAL
Ricardo Ferreira

PRODUÇÃO EXECUTIVA
Lilian Bertin

CENOTÉCNICA E ADMINISTRAÇÃO
J. Faria

ASSESSORIA JURÍDICA
Halbout & Kerr Pinheiro Advogados Associados

IDEALIZAÇÃO E COORDENAÇÃO ARTÍSTICA DO PROJETO TEATRO JOVEM (www.teatrojovem.com.br)
Tadeu Aguiar

ESTRÉIA: Agosto de 2005, no Teatro Fernando Azevedo, na sede da Secretaria de Educação do Estado de São Paulo.

ato único

cena 1

(O espetáculo tem início com o personagem Gabriel contemplando as estrelas. O cenário é um quarto de hospital com duas camas. A cabeceira de Gabriel está repleta de livros. O chão é branco e, ao fundo, contornando toda a extensão do palco, há um delicado ciclorama.)
(No centro do palco, bem próximos ao ciclorama, existem dois ou três pequenos degraus onde Gabriel está sentado. Ele suspira, levanta, vai até a borda do palco e diz:)

Gabriel *(enquanto fala, o cenário se acende de estrelas)* — O universo é algo mágico. Milhares de estrelas e luas e planetas dançando no cosmo em perfeita harmonia. Todos absolutamente diferentes e, ao mesmo tempo, todos formados pela mesma matéria: prótons, nêutrons e elétrons. E esses prótons, nêutrons e elétrons também são as partículas elementares que compõem o tecido deste pijama, compõem este chão, o nosso corpo, um cachorro, o mar e tudo mais que existe. Diante desse infinito de seres e coisas e vidas, estou eu, um dragão contemplando as estrelas, gigante em relação a mim mesmo e minúsculo diante de todo o universo.

cena 2

(Gabriel e Valquíria estão cada um em uma extremidade do palco. Como se estivessem falando para si mesmos, falam para a platéia. As falas são bem ritmadas e chega a parecer que os dois estão conversando, mas não estão. Estão em lugares diferentes. Gabriel está em seu quarto, ansioso por tudo que está para acontecer. Valquíria está a caminho do hospital, tentando entender tudo o que está acontecendo.)

Gabriel — Minha vida é absurdamente previsível. Quase sempre! Mas hoje eu vou sair da rotina! E não vai ser para fazer quimioterapia, nem para fazer uma reposição de plaquetas, ou para qualquer mudança na medicação. Não! Hoje eu vou passar a dividir este quarto com uma garota, que pode ser linda, mas que também pode não ser.

Valquíria — Eu tinha uma vida normal, supernormal: escola, *shopping*, praia, festas, férias... E de repente eu me vejo dentro de uma ambulância, seqüestrada por enfermeiros, a caminho de um hospital pioneiro no tratamento de jovens. Até aí tudo bem. Eu sou jovem e quase morri, o.k. Mas dividir o quarto com um garoto? *(enfia o dedo na boca como se fosse vomitar)*

Gabriel — Eu não posso criar expectativas. Ela também está doente.

Valquíria — Os garotos normais já são meio retardados, o que é que eu posso esperar de um garoto de hospital?

Gabriel — Ela pode ter uma dessas doenças invisíveis que vão corroendo por dentro.

Valquíria — Acho que não tem nenhuma chance dele ser bonitinho. Não é possível. Não dá para acreditar. Esse garoto deve ser horrendo...

Gabriel — Muito provavelmente ela é feia e tem alguma doença à flor da pele, do tipo degenerativo, ou então é esquizofrênica e não pára de gritar.

Valquíria — Esquelético, azedo, cara inchada, tumores pela testa...

Gabriel — Barriguda, olheiras, chata, cheia de paranóias...

Valquíria — Eu não estou acreditando nisso que está acontecendo comigo.

Gabriel — Tomara que eu tenha mais sorte dessa vez.

cena 3

(Gabriel e Valquíria se olham. Brilho nos olhos. Pausa curta. Pensam sem se falar, mas decidem fingir que não sentiram o brilho nos olhos. Ignoram-se.)
(Quarto de hospital, ao lado da cama de Gabriel, há uma pilha de livros e um caderno de anotações. Valquíria chega. Os dois se olham mais uma vez e desviam o olhar. Ela olha o quarto, olha pra ele, suspira e sem dizer nada se instala em seu território, ocupa a sua cama. Gabriel está impaciente.)

Gabriel — E aí? Não quer falar nada? Nem bom-dia? Não quer perguntar alguma coisa? Comer alguma coisa? Nada? Não vai chamar a enfermeira? O que foi? O gato comeu sua língua? Que tédio, hein? *(para si mesmo)* Estava bom demais para ser verdade.

(Valquíria suspira entediada.)

Gabriel — Eles têm caixões ótimos aqui, você sabia? É. Caixões. Se você quiser, eu posso mostrar um catálogo, quer? Os caixões são realmente muito bons. Eu já escolhi o meu. É lindo. Lindo. Eu ainda estou um pouco em dúvida em relação à cor, não sei se escolho prateado, mogno, marfim ou... sei lá, alguma coisa mais jovem: vermelho, verde, azul-piscina... O que é que você acha? Se você pudesse ver... Iria querer um igual. O meu caixão é melhor do que muito carro novo. Você ia ficar louca! *(pausa. Pega o caderno de anotações)* Você não fica pensando que daqui a algum tempo nós não vamos estar mais aqui? Não acha estranho? *(lendo uma anotação de um livro de Rainer Maria Rilke em seu caderno)* "...não habitar mais a terra. (...) Abandonar até o próprio nome como se abandona um brinquedo partido. Estranho não desejar mais os nossos desejos. Estranho ver no espaço tudo que se encadeava esvoaçar, desligado."

Valquíria — Eu acho terrível. Acho terrível essa história de morrer e apagar tudo. Como se quando a gente morresse passassem uma borracha em cima da gente. Será que a gente se esquece de tudo? Ou será que só o mundo é que se esquece da gente? *(pausa)* Ei! Você não vai me responder, não?! Responde! Você é ridículo, sabia?! Você e o seu caixão são ridículos! Ridículos! Eu sabia que não poderia dar certo. Que idéia estúpida desse hospital! Dividir o quarto com um garoto. Que idéia mais imbecil! "Vocês serão monitorados 24 horas por dia. Não se preocupe." *(falando e procurando câmeras de segurança)* Pois espero que estejam vendo isso! Que estejam vendo o que este ridículo está fazendo.

Gabriel — Então eu tento ser simpático com você e isso não vale de nada? Eu sou ridículo porque te dei o troco, ficando quieto? Realmente temos uma pessoa ridícula aqui e não sou eu.

Valquíria — Enfermeira! Enfermeira! Enfermeira! Alguém, qualquer um!

Gabriel — Ela não virá. Aliás, ninguém virá.

Valquíria — É? E eu posso saber por quê?

Gabriel — Eles não vêm por qualquer chilique.

Valquíria — Quem disse?

Gabriel — Eu estou dizendo. Eu moro aqui. Conheço bem as regras.

Valquíria — Como assim "você mora aqui"?

Gabriel — Morando, ué.

Valquíria — Isso é um hospital ou uma prisão?

Gabriel *(com propriedade)* — Aqui é um centro de reabilitação. Eles tratam da gente e ensinam um novo comportamento diante da nossa doença.

Valquíria — Ahhh. E há quanto tempo você já está aqui?

Gabriel — Há uns oito anos.

Valquíria — Oito anos?! Você está tirando sarro com a minha cara?!

Gabriel — Não, estou falando sério. Dizem que eu sou um dragão neste hospital, que este quarto é a minha caverna.

Valquíria — E você passou todo esse tempo aqui dentro?

Gabriel — Passei. Tive algumas idas e vindas, mas a maior parte eu fiquei por aqui mesmo... Qual o problema?

Valquíria *(revoltada)* — Qual o problema? Como assim "qual o problema"? Você só pode ser *pinel*. Existe uma vida lá fora, sabia?

Gabriel *(falando sério)* — Também existe uma vida aqui dentro, sabia?

Valquíria — Só mesmo um dragão para gostar de morar nesse lugar asqueroso.

Gabriel *(impondo respeito)* — Ei! Aqui é a minha casa, a minha caverna... É melhor dobrar a língua!

Valquíria *(sem se preocupar)* — Azar o seu! Aqui não é a minha casa, não é a minha caverna. Eu não sou e nem serei um dragão!

Gabriel *(irritado)* — Melhor não falar do que você não conhece.

Valquíria — Eu falo o que eu quiser! Fique sabendo que eu estou odiando estar aqui. Tudo que eu quero é ir embora dessa espelunca branca!

Gabriel *(sério)* — Todo mundo quer.

Valquíria — Enfermeira! Enfermeira!

Gabriel — Pára de gritar. Você vai acordar todo mundo.

Valquíria — Eu quero sair daqui!

Gabriel — Só existem dois caminhos: ou você fica boa e volta pra sua vida, ou morre e vai pra debaixo da terra. *(Valquíria fica quieta)* Você escolhe. Ninguém vai amarrar você. Agora que nós já trocamos algumas palavras de boas-vindas: você já pode me dizer o seu nome?

Valquíria — Valquíria.

Gabriel — Está falando sério?

Valquíria — Vou fingir que você fez um elogio.

Gabriel — Você me entendeu mal. Eu acho fantástico o seu nome.

Valquíria *(cínica)* — Todo mundo acha. E o seu nome, qual é?

Gabriel — Gabriel. Meus pais me deram esse nome porque sabiam que eu seria um anjo. Eles só não imaginavam que eu ia ter que lutar tanto para não ir pro céu.

Valquíria *(seca)* — O que é que você tem?

Gabriel — L.M.C. Leucemia Mielóide Crônica. Só ataca de vez em quando... Mas eu preciso me tratar para evitar que ela se complique mais.

Valquíria *(impressionada)* — E não existe cura?

Gabriel — Existe. É só aparecer um doador compatível.

Valquíria *(como se fosse uma grande coincidência)* — Você também precisa de uma doação?!

Gabriel — Estou esperando um transplante de medula.

Valquíria *(querendo ser inteligente)* — Tem a ver com sistema nervoso?

Gabriel — Não, mas todo mundo confunde. O transplante é de medula óssea: fica bem no meio do osso.

Valquíria — Eu achava que osso era osso.

Gabriel *(se mostrando inteligente)* — E é. Mas é lá que são produzidas as células hematopoiéticas.

Valquíria — Hemato o quê?

Gabriel *(simplificando para se exibir mais ainda)* — Hematopoiéticas: as células do sangue.

Valquíria *(fingindo lembrar)* — Ahh!

Gabriel — E você? De que órgão você precisa?

Valquíria — Fígado. Eu vou fazer um transplante de fígado.

Gabriel — Doença de Wilson?

Valquíria — Não.

Gabriel — Hemacromatose hereditária?

Valquíria — Não.

Gabriel — Cirrose?

Valquíria — Parabéns, você acertou.

Gabriel *(diagnosticando)* — Você não tem cara de quem bebe muito.

Valquíria — E não bebo. Eu tive uma hepatite C que gerou essa cirrose e agora eu vou ter que fazer o transplante. Entendeu?

Gabriel — Estranho... Tem certeza que é esse o seu quadro?

Valquíria — Claro que eu tenho certeza! Qual é a dúvida?! Hepatite C não tem nada a ver com álcool.

Gabriel — Desculpe. Só achei estranho, só isso.

Valquíria — Estranho é gostar de morar aqui!

Gabriel *(mudando de assunto, abruptamente)* — É melhor dormir. Se a gente continuar fazendo barulho, os plantonistas vêm com as injeções.

Valquíria — Injeções para dormir?

Gabriel — Anda. Melhor dormir. Já é tarde.

Valquíria — Mas eu dormi o dia inteiro!

Gabriel — Mas eu não dormi. Dá o seu jeito e dorme.

Valquíria — Você é muito chato!

Gabriel — E você é ótima. Obrigado por existir e boa noite.

Valquíria — Só mais uma coisa.

Gabriel — O que é?

Valquíria — Aquela história de não estarmos mais aqui... de morrermos... de abandonarmos nosso nome...

Gabriel — O que é que tem?

Valquíria — De onde você tirou aquelas idéias?

Gabriel *(gostando do interesse dela)* — A minha anotação? Tirei de um livro do Rilke.

Valquíria — Será que você me deixa ver?

Gabriel — Se você se comportar...

Valquíria — Mas o que você acha?

Gabriel — Sobre passarem uma borracha na nossa existência quando morremos?

Valquíria — É.

Gabriel — Eu acho que se nós vivermos de maneira intensa, mesmo que alguém passe uma borracha sobre nós, ainda assim, a gente pode deixar o papel marcado.

(Gabriel mostra o caderno de anotações. Valquíria tenta pegá-lo, mas Gabriel não deixa.)

Valquíria (*desdenhando*) — Você é um bobo! O que pode ter aí de tão maravilhoso?!

Gabriel (*instigando, mas sem entregar o caderno*) — O mundo. Só depende dos olhos de quem vê.

(*Pausa. Os dois se olham nos olhos.*)

Valquíria — Você é muito pretensioso, sabia?

Gabriel — Eu faço o que posso. Agora, boa noite.

Valquíria (*irritadinha. Virando-se para o seu lado do quarto*) — Boa noite.

(*Gabriel dorme logo. Valquíria se certifica de que ele dormiu. Levanta, vai até ele e retorna para a sua cama.*)

Valquíria — Até que podia ser bem pior.

(*Valquíria deita e dorme.*)

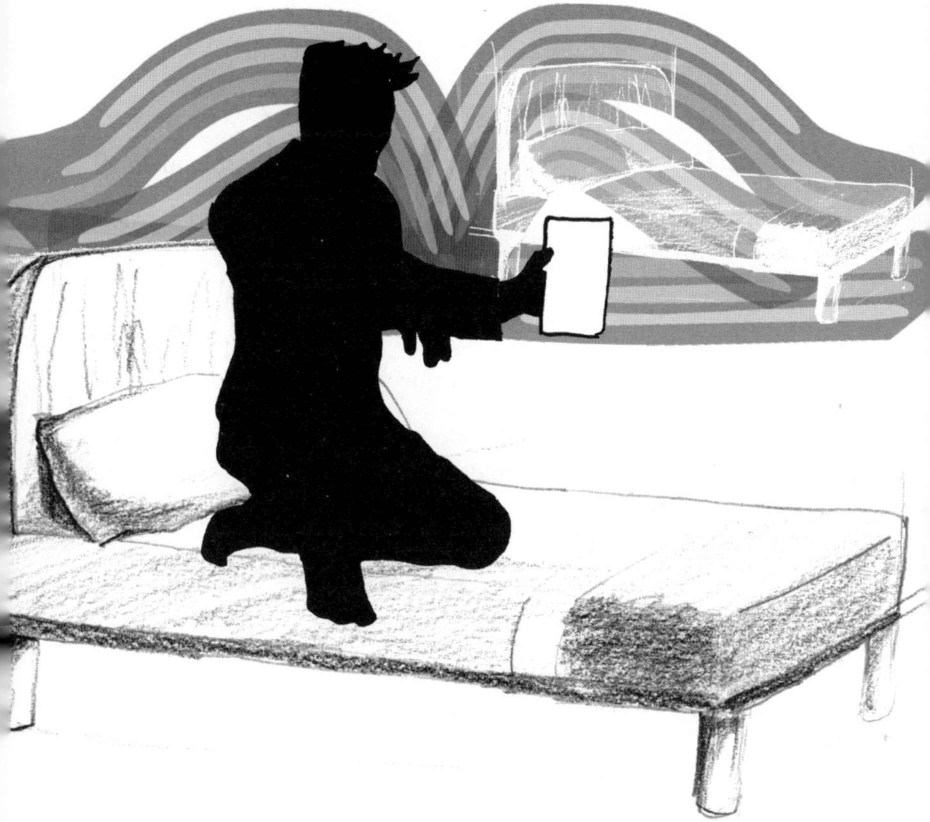

cena 4

(Gabriel está lendo e anotando alguma coisa em seu caderno. Valquíria está, com fones de ouvido, escutando música. Gabriel vai falar com Valquíria.)

Gabriel — Ouvi dizer que você não está tomando as vitaminas, nem comendo direito.

Valquíria *(fingindo não escutar)* — Desculpe, não estou ouvindo!

Gabriel *(vai até ela e retira os fones)* — Está escutando agora?

Valquíria — Estou ouvindo um inseto, é isso?

Gabriel — Não, o som do inseto é a sua voz.

Valquíria — Anda, fala logo o que você quer!

Gabriel — Por que é que você não está tomando as vitaminas, nem comendo nada?

Valquíria — Porque eu não quero. As vitaminas me deixam enjoada, e a comida daqui é uma droga.

Gabriel — Resposta infantil e mentirosa: a comida daqui é ótima!

Valquíria — Por acaso isso é da sua conta?

Gabriel — Enquanto você estiver dividindo o quarto comigo isso é da minha conta sim.

Valquíria — E por quê?

Gabriel — Cadáveres costumam feder.

Valquíria — Pára de me perturbar, garoto. Vai cuidar da sua vida!

Gabriel — Você vai complicar ainda mais a sua situação. É isso que você quer?

Valquíria — E se for? E se for isso que eu quero, hein? E se eu quiser complicar a minha situação pra começar a estrebuchar feito um peixe fora da água, acabar com esse drama de uma vez?

Gabriel — Aí, realmente o seu único caminho vai ser uma cova bem funda e se você tiver sorte recebe umas flores.

Valquíria — Eu sei cuidar de mim.

Gabriel — Estou vendo.

Valquíria — Era só isso?

Gabriel — Basicamente.

Valquíria — Então fora! Vai pra sua parte do quarto. Do meio pra cá é o meu território. Pra lá é o seu, o.k.?

Gabriel — E se eu for até aí? O que vai acontecer?

Valquíria — Vai pra sua parte, por favor?!

(Gabriel vai para a cama. Senta e volta a ler o seu livro. Valquíria verifica se Gabriel não está olhando. Aparentemente ele não está. Ela toma os remédios.)

cena 5

Gabriel — Dormiu bem?

Valquíria — Só de não falar com você já foi o máximo.

Gabriel — Obrigado pela parte que me toca.

Valquíria — E você? Sonhou comigo?

Gabriel — Deveria?

Valquíria — E por que não?

Gabriel — Na situação em que estou, não quero perder tempo nem dormindo.

Valquíria — Engraçadinho. *(pausa)* Como você descobriu?

Gabriel — O quê?

Valquíria — Como assim "o quê?". A sua doença, ora.

Gabriel — Na escola. Um dia, do nada, eu me senti cansado a ponto de mal conseguir andar. Aí eu caí no chão e me levaram pra casa. Os médicos foram aparecendo, fazendo exames... Pareciam um bando de formigas rodeando um bicho que está morrendo. Eles disseram que eu tinha uma anemia profunda e precisava fazer uma transfusão de "papa de hemácias", um tipo de transfusão de sangue. Logo depois concluíram que era leucemia.

Valquíria — E na sua casa, como é que foi?

Gabriel — Meus pais ficaram desorientados, e eu também fiquei. Minha mãe olhava pra mim e chorava o tempo todo. Quando me contaram, achei que iam me enterrar no mesmo dia. Achei que eu não ia durar nada, no máximo uma semana. Já estou aqui há oito anos.

Valquíria — E nesse tempo que você está aqui nunca apareceu nenhum doador?

Gabriel — Compatível comigo não. Alguns tentaram. Mas muito poucos, considerando a quantidade de pessoas que existem no planeta. Acho que as pessoas ficam com medo de doar. Sei lá... E você? Como está sendo?

Valquíria — Eu não posso me queixar. Os médicos dizem que a minha mãe pode ser minha doadora. Mas eu não consigo entender: ela vai ficar sem fígado?

Gabriel — Claro que não. Os médicos retiram uma parte do fígado dela.

Valquíria — Ela fica com um pedaço e eu com outro?

Gabriel — Mais ou menos. O fígado é como uma lagartixa que se regenera quando perde o rabo. A diferença é que, no fígado, os dois pedaços se reconstituem, então cada uma de vocês fica com um inteiro.

Valquíria — Como você sabe disso?

Gabriel — Eu moro aqui, esqueceu? Já sou quase um médico formado.

Valquíria — Bom... Se for assim, eu tenho certeza que a minha mãe vai ser a doadora. Ela sempre salva a minha barra.

Gabriel — Legal...

Valquíria — Acho bem melhor assim. Seria estranho receber o fígado de um cadáver.

Gabriel — Para mim, seria o máximo! Seria como manter alguém vivo por mais tempo, como se uma outra pessoa morasse no nosso corpo. Um ajudando o outro a estar vivo.

Valquíria — Nunca tinha pensado desse jeito.

Gabriel — Mas eu também acho bacana que seja parte da sua mãe. Ela vai te dar a vida duas vezes.

Valquíria — Nossa, eu também nunca tinha pensado nisso!

Gabriel — Você precisa criar esse hábito.

Valquíria — Qual?

Gabriel — Pensar.

Valquíria *(irritadinha)* — E por que você não sai cavando pelos cemitérios para procurar doadores?

Gabriel — Seria ótimo, mas depois de enterrado o corpo só serve para aula de anatomia ou para adubo. Para transplante, o tecido dos órgãos ainda precisa estar vivo, não pode estar necrosado. Para isso existem as OPOs.

Valquíria — OPOs?

Gabriel — Organizações de Procura de Órgãos. Grupos de médicos que conversam com as famílias quando algum paciente morre e falam da importância da doação, da importância de ajudar a salvar uma outra vida.

Valquíria — Mas e você? Sua mãe, seu pai... Eles não puderam ajudar?

Gabriel — Meus pais, na época, fizeram o exame, mas não foram compatíveis. Aí o médico sugeriu que eles tivessem um outro filho.

Valquíria — Para substituir você?

Gabriel *(irônico)* — Exatamente. O neném nasceria e eles me matariam logo em seguida.

Valquíria — Que horror!

Gabriel — Em que planeta você vive? O médico sugeriu isso porque as chances de um irmão poder ser o doador são muito grandes.

Valquíria — Que bárbaro! Eles teriam um outro filho para salvar você.

Gabriel — É.

Valquíria — E o que aconteceu? Eles não conseguiram outra gravidez?

Gabriel — Conseguiram. Mas minha mãe teve um monte de complicações na gestação e acabou perdendo o bebê.

Valquíria — Eles devem ter ficado arrasados.

Gabriel — Ficaram. Eles acharam que falharam comigo e que falharam também com o meu irmão, que nem chegou a nascer.

Valquíria — E você achou o quê?

Gabriel — Não achei nada.

Valquíria — Nada?

Gabriel — Achei que não era pra ser, só isso. Fiquei com pena dos meus pais. A tentativa foi válida, eles me amam, mas não deu certo.

Valquíria — E o que eles fizeram depois?

Gabriel — Compraram este prédio, equiparam, contrataram os melhores profissionais e fundaram o Centro de Reabilitação para Vida São Gabriel.

Valquíria — Então este hospital só existe por sua causa?

Gabriel — De certa forma, é. Meus pais são muito dedicados a pesquisas com células-tronco, ao rastreamento de órgãos, iniciativas de esclarecimento sobre transplantes... Trabalham nisso o tempo todo.

Valquíria — E você se dá bem com eles?

Gabriel — Nossa relação é ótima. É como se eu morasse sozinho e eles telefonassem, mandassem *e-mails*, recados, ou viessem me visitar. De um jeito ou de outro, a gente está sempre junto.

Valquíria — Engraçado você falar isso...

Gabriel — Por quê?

Valquíria — Sabe que eu acho que gosto muito mais de estar com os meus pais aqui no hospital? Antes, em casa, a gente se falava o tempo todo, mas só o necessário: pedir dinheiro, hora de chegar em casa, como é que foi a prova, avisar de alguma festa, cinema, *shopping*, casa de amiga, essas coisas básicas.

Gabriel — E agora é diferente?

Valquíria — Muito. Quando eles estão comigo, no horário de visita, a gente fica mais inteiro. Tem dias que a gente fica em silêncio, só sentindo a presença um do outro.

Gabriel — Talvez aqui vocês aproveitem melhor o tempo de vocês. Talvez eles dêem mais atenção pra você e você dê mais atenção pra eles.

Valquíria — É, de repente a gente se percebe mais.

Gabriel — E aqui no hospital, vocês falam sobre o quê?

Valquíria (*dissimulando*) — Ah! Não sei... Sobre o que der na cabeça. (*mudando de assunto e tendo uma idéia brilhante*) Gabriel! Quem sabe eu não posso ser a sua doadora?!

Gabriel — Você quer me matar de vez?

Valquíria — Por que você está dizendo isso?

Gabriel — Eu preciso de uma medula boa. Do jeito que entopem você de remédio, transplantam a sua medula pra mim num dia e eu caio durinho no outro.

Valquíria — Fique sabendo que a minha medula é ótima!

Gabriel — Meu fígado também é ótimo. Quer?

(*Os dois riem. Gabriel se sente mal.*)

Valquíria — O que foi?

Gabriel — Fiquei um pouco sem ar.

Valquíria — Descansa um pouco.

(*Gabriel deita na cama. Valquíria olha tentando se certificar que está tudo bem. Ele dorme. Ela decide deitar e dormir. Dorme. Gabriel acorda e vai vomitar. Não volta.*)

cena 6

(Amanhece. Valquíria está sozinha no quarto. Ela vai até a cama de Gabriel. Ele chega.)

Gabriel — O que você está fazendo aí?

Valquíria — Você quer me matar do coração? Onde você estava?

Gabriel — Eu me senti mal durante a noite. Fui para um outro quarto, um tipo de CTI *light*.

Valquíria — O que aconteceu com você?

Gabriel — Senti uns calafrios, um pouco de febre, vômito... Nada demais.

Valquíria — Se não foi nada, por que você não me chamou?

Gabriel — Estou acostumado com essas coisas. Achei melhor me virar sozinho.

Valquíria — Pois devia ter me acordado.

Gabriel — O que é que você poderia ter feito?

Valquíria — Sei lá. Eu podia ficar do seu lado, segurar a sua mão, podia chamar os médicos...

Gabriel *(achando divertido e carinhoso)* — Da próxima vez eu chamo você.

Valquíria *(séria)* — Eu fiquei com medo.

Gabriel — Medo de ficar sozinha no quarto?

Valquíria — Não... Eu tive medo de que você não voltasse mais.

Gabriel — Achei que você odiasse dividir este quarto comigo.

Valquíria — Você sabe que eu não odeio.

Gabriel — Não é o que você me diz.

Valquíria *(confessando)* — Ah. A gente não tem muito que fazer neste hospital. Implicar com você pode ser uma boa maneira de se divertir.

Gabriel — Fico muito feliz em saber que eu ajudo você a passar o tempo.

Valquíria — Não é isso. Quando eu cheguei, achava que eu não ia suportar dividir o quarto com você. Mas hoje, quando eu acordei e não vi você, me senti pequena. Essa caverna ficou enorme... Ficou cheia de vazios. Eu sei que eu não posso voltar no tempo e refazer as minhas escolhas... Mas aqui, agora, eu ainda posso mudar o rumo das coisas.

(Pausa. Olham-se.)

Gabriel — Eu também ia gostar muito.

Valquíria — Eu falei tanta coisa... Do que você ia gostar?

Gabriel — De voltar no tempo para que você pudesse ter segurado a minha mão. Ontem eu também senti medo.

Valquíria — Achei que você já estava acostumado. Nunca pensei que você pudesse sentir medo da morte.

Gabriel — Da morte? Não. Eu tive medo de perder você.

Valquíria — De me perder?

Gabriel — É. Eu tive medo de perder você pra sempre. Medo de não ter você mais para eu me preocupar, para implicar comigo, medo de não poder ver mais os seus olhos cheios de alegria e fúria.

(Pausa. Olham-se.)

Valquíria — Você acha que é preciso sair daqui para sermos felizes?

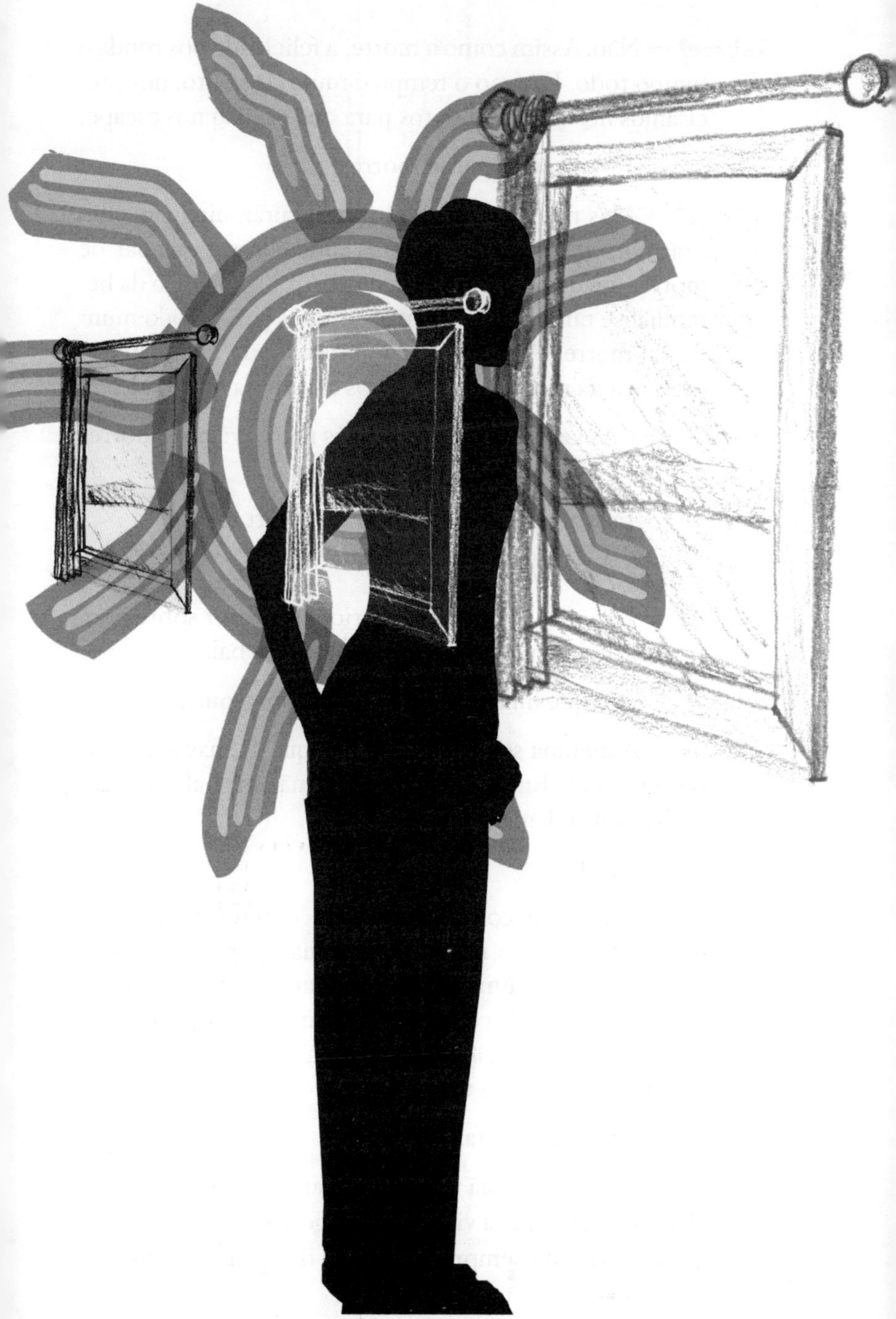

Gabriel — Não. Assim como a morte, a felicidade nos ronda o tempo todo. E como o tempo é muito suspeito, nós precisamos nos manter atentos para que ela não nos escape.

Valquíria — Mas muita gente morre aqui.

Gabriel — Mas todo mundo vem pra se curar, ninguém vem pra morrer. E, mesmo porque, ninguém vai escapar de morrer um dia. A enfermeira vai morrer. O médico da hemodiálise também vai. Meus pais, seus pais... Todo mundo vai morrer. Até quem não nasceu ainda vai morrer. A presença da morte não pode nos afastar da felicidade.

Valquíria — Às vezes eu penso que nós não devíamos morrer nunca!

Gabriel — Talvez fosse muito chato ser imortal.

Valquíria — Você acha isso mesmo?

Gabriel — Tem uma crônica da Clarice Lispector sobre isso. É a história de uma menina que adorava balas.

Valquíria — O que uma coisa tem a ver com a outra?

Gabriel — A menina sempre reclamava que as suas balas duravam pouco. Então ela ganha da irmã uma bala que não acaba nunca. Um chiclete.

Valquíria — E daí?

Gabriel — No começo, a garota fica superentusiasmada, mas depois ela vai mastigando e mastigando, e o doce do chiclete vai sumindo, e ela continua mastigando e mastigando aquela coisa completamente sem gosto, que não acaba nunca. E aquilo que ela achava que seria uma delícia se torna uma tortura.

Valquíria — E o que ela faz?

Gabriel — Quando a irmã não está olhando, ela cospe o chiclete. Eu acho que a vida é assim: gostosa enquanto tem gosto. Viver pra sempre talvez nos deixasse com preguiça de dar gosto à vida, perderíamos o desejo. Acho que a vida só contabiliza os momentos em que estamos iluminados. Tem gente que morre velhinho e viveu pouco, tem gente que morre jovem e viveu muito.

Valquíria — A Clarice Lispector ensinou isso a você?

Gabriel — Ela me ensinou na teoria, e você me ensinou na prática. Eu já vivi tanta coisa... Já passei por experiências que gente muito mais velha que eu nem sonha. Mas havia algo que me faltava viver... Quando você chegou, eu sabia que algo de bom iria acontecer. Eu não sabia o que era, mas eu sinto que já está acontecendo. Às vezes tudo parece tão rápido... Mas com a vida que a gente leva, o tempo passa diferente, é mais intenso.

Valquíria *(com um sorrisinho nos lábios)* — Do que você está falando?

Gabriel — Normalmente, alguém como eu demoraria um pouco mais para dizer isso a alguém como você. Mas minha vida foge um pouco dos padrões, aliás, minha vida quase que foge de mim.

Valquíria — Diz logo.

Gabriel — Eu nunca imaginei que nessa altura da vida eu pudesse me apaixonar por alguém. Eu nunca imaginei que você fosse me trazer essa luz. Que você fosse me iluminar desse jeito.

Valquíria — Eu te iluminei?

Gabriel — É. Quer ser a minha luz?

Valquíria — Achei que você não fosse perguntar nunca!

Gabriel — Isso é um sim?

Valquíria — Claro, bobão.

(Valquíria beija Gabriel. Primeiro um selinho, sorriem, em seguida um beijo.)

cena 7

(O cenário do quarto se transforma no jardim do hospital. As camas são colocadas de uma forma que faz com que elas quase que desapareçam, se integrando perfeitamente ao cenário. No ciclorama, vemos a sombra de algumas árvores.)
(Valquíria e Gabriel estão sentados nos degraus do fundo do palco. Como de hábito, Gabriel tem um livro nas mãos.)

Valquíria *(leve)* — O que será que acontece quando a gente morre?

Gabriel *(naturalmente)* — Não sei, ninguém sabe. Católicos, espíritas, judeus, gregos, nórdicos, egípcios, orientais, ocidentais, cada um acredita numa coisa. Muitos povos antigos chegavam a comer a carne dos seus mortos para poderem absorver as suas qualidades. Qual dessas culturas está certa? Quem sabe a resposta?

Valquíria *(encantada)* — E você acha o quê?

Gabriel — Eu acho que a morte é igualzinha à vida, somos nós que a inventamos. Ao mesmo tempo, ela é como o enigma da esfinge: "Decifra-me ou te devoro."

Valquíria — E como você faz para decifrar a morte?

Gabriel — Observo a vida. A vida é cheia de morte. A cada minuto a nossa juventude morre e renasce maturidade. Quando a lagarta está próxima da morte ela se fecha em um casulo até que morre e se torna borboleta. O dia nasce e morre todos os dias. Cada vez que eu te olho eu morro de amor por você e, ao mesmo tempo, eu me sinto muito mais vivo. Por mais que os homens me digam para ter medo da morte eu prefiro acreditar na vida.

Valquíria *(impressionada)* — Como é que você pode ter toda essa experiência, se você vive aqui, trancafiado nesse hospital?

Gabriel — Mas eu não vivo só aqui. Eu moro aqui, mas eu conheço boa parte do mundo, do Brasil, das estrelas. Eu já fui várias vezes a Pasárgada.

Valquíria — E como foi que você fez tudo isso?

(Gabriel, simplesmente, entrega a ela o livro que estava carregando.)

Valquíria *(incrédula)* — Você não pode estar falando sério?!

Gabriel *(leve)* — Claro que estou. O mundo cabe aqui dentro.

Valquíria *(tentando compreender)* — Como assim?

Gabriel — Olha... Eu já dei a volta ao mundo em oitenta dias, conheci pessoas de todas as épocas, estive em lugares que estão fora dos mapas.

Valquíria — Mas e na prática? Que diferença isso faz na sua vida?

Gabriel — Não foi você que acabou de me perguntar como é que eu sei essas coisas todas? Como eu posso ter vivido tanto em tão pouco tempo de vida?

Valquíria — Mas como é que você consegue viver... Quero dizer... sentir essas coisas, viver de verdade?!

Gabriel — É como sonhar. É só abrir a mente e deixar os pensamentos te levarem.

Valquíria — Eu acho que eu não conseguiria.

Gabriel — Você não sabe imaginar?

Valquíria *(confusa)* — Sei. Quero dizer... Não sei se eu sei, mas acho que sei.

Gabriel — Então vamos fazer um jogo?

Valquíria — Agora? Daqui a pouco eu tenho visita.

Gabriel — É rápido. Eu vou falando coisas e você vai imaginando. Se quiser pode fazer perguntas. Pode investigar a história.

Valquíria — Tudo bem. O que eu preciso fazer?

Gabriel *(pega uma faixa e venda os olhos de Valquíria)* — Feche os olhos. O que você está vendo?

Valquíria — Nada.

Gabriel — Não é possível. Tenta se concentrar. O que você está vendo?

Valquíria — Estou vendo que eu vou me atrasar.

Gabriel — Pára de brincadeira.

Valquíria — Eu não estou brincando. Hoje é o resultado do exame da minha mãe. Ela vai ficar chateada se eu não chegar na hora. Vai parecer desinteresse.

Gabriel — É só um minuto. Imagine alguma coisa.

Valquíria — Estou imaginando.

Gabriel — O quê?

Valquíria — Um beijinho.

Gabriel *(achando engraçado, dá um beijinho)* — Fala sério!

Valquíria — O.k., vou imaginar.

Gabriel — O quê?

Valquíria — Animais. Animais de diversas espécies.

Gabriel — Como eles estão?

Valquíria — Em círculo. Estão olhando alguma coisa.

(Como se estivéssemos entrando na imaginação deles, aos poucos o palco se enche de fumaça e o jardim transforma-se em uma pequena flores-

ta de luz e sons. É como se eles estivessem participando da reunião com os animais. Imagens também podem ser projetadas.)

Gabriel — Acho que eu conheço essa história.

Valquíria *(sem entender)* — Conhece?!

Gabriel *(conduzindo Valquíria por sua imaginação)* — Acho que é do folclore oriental. Fala de uma época em que os animais, insatisfeitos com o andamento do mundo e das coisas, se reuniram para pedir ao criador que fizesse nascer um novo animal. Um novo animal que pudesse zelar pelo planeta e por todos.

Valquíria — E o que é que o criador fez?

Gabriel — Ele disse que era fácil resolver isso. Bastava que cada animal ofertasse uma de suas infinitas qualidades ao novo ser. Só havia uma questão a ser resolvida.

Valquíria — Qual?

Gabriel — O equilíbrio do planeta já estava formado e para que esse novo animal pudesse nascer um dos animais viventes deveria sumir da face da Terra. Ele deveria ofertar a matéria do seu corpo para criar esse novo animal.

Valquíria — Morrer?

Gabriel — Mais do que morrer. O animal seria extinto, sua raça deixaria de existir.

Valquíria — E o que eles fizeram?

Gabriel — Os animais não sabiam o que fazer, ninguém queria deixar de existir. Até que o dragão...

Valquíria — O dragão?

(Um dragão surge em cena.)

Gabriel — É. Nesse tempo havia dragões.

Valquíria — Continua.

Gabriel — Até que o dragão silencioso e firme caminhou até o criador e disse: "Para que seja feito um bem maior, eu oferto o corpo da minha raça à criação do novo ser." O criador aceitou de bom grado a oferta e disse que, em recompensa à sua imensa generosidade para com o mundo, a raça dos dragões jamais seria esquecida. Em todos os tempos do mundo ele seria lembrado com honrarias. Ele passaria a viver no imaginário de todos os seres viventes. E assim foi.

Valquíria — E que animal nasceu?

Gabriel — O homem.

(Ele tira a venda de Valquíria. O dragão sai de cena. O clima de encantamento se desfaz. O cenário volta ao normal.)

Valquíria — Eu nunca tinha vivido uma história desse jeito. É mágico.

Gabriel — Mágico como o quê?

(Valquíria beija Gabriel. Quando fecham os olhos, o cenário volta a se encantar por mais alguns instantes.)

Valquíria — Eu tenho que ir. Meus pais estão me esperando na sala de visitas.

(Valquíria sai do quarto. Gabriel fica sorrindo, feliz da vida. Ele pega o caderno e faz algumas alterações.)
(O cenário se transforma. Volta a ser o quarto de hospital.)

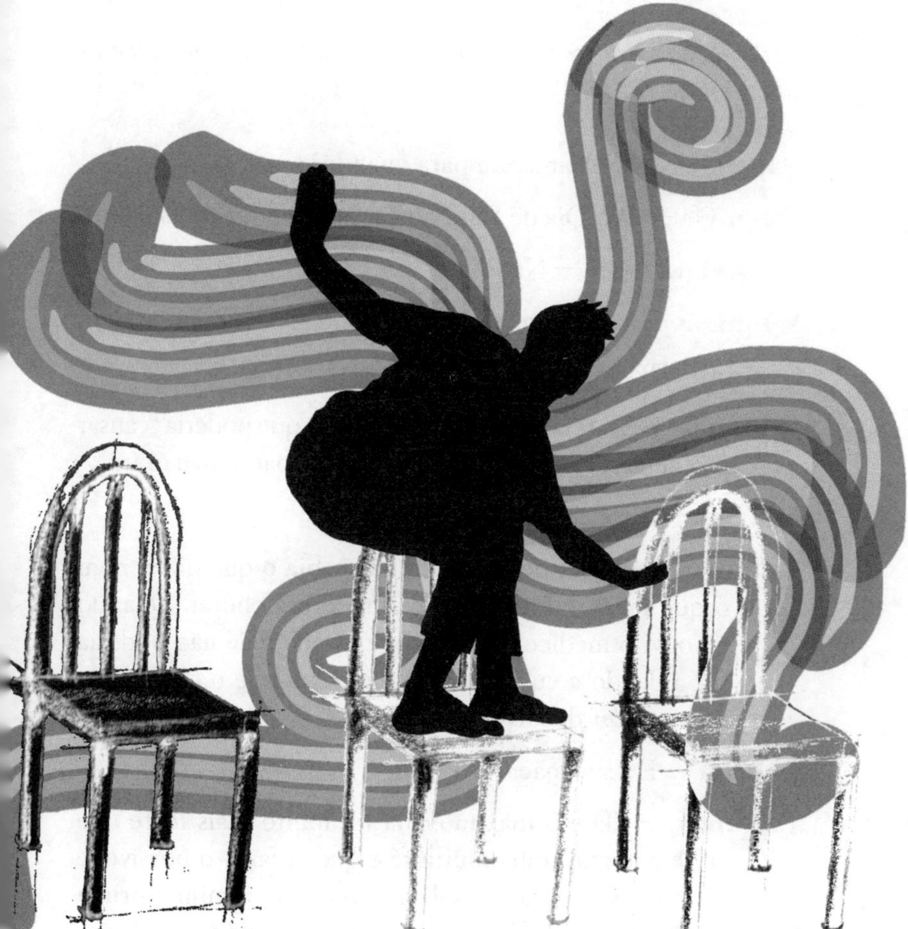

cena 8

(Gabriel está em sua cama. Valquíria chega. Antes que tenha tempo de falar, Gabriel fala.)

Gabriel — E aí? Marcaram para quando?

Valquíria — Pro Dia de São Nunca. Não vai ter transplante.

Gabriel *(surpreso)* — Não?!

Valquíria — Não. Minha mãe não pode ser doadora.

Gabriel — Por que não?!

Valquíria — Ela tem um vírus de hepatite que poderia "causar problemas, criar uma rejeição e antecipar o meu óbito".

Gabriel — E você?

Valquíria — Fiquei péssima. Eu não sabia o que dizer, nem o que fazer, minha única vontade era chorar. Quando eu ouvi o médico dizendo que minha mãe não poderia ser a doadora eu não acreditei, achei que o chão fosse desaparecer debaixo dos meus pés.

Gabriel — E a sua mãe?

Valquíria — Ela é o máximo! Ela foi muito mais forte que eu. Disse que tinha muita fé e que ia fazer o possível e o impossível para me salvar. Disse que a minha prima também iria fazer os exames, que tudo iria se resolver.

Gabriel — Já pensou que ela pode ter razão?

Valquíria *(nervosa)* — Ai, eu não sei... Antes, eu estava tranqüila porque eu tinha certeza de que minha mãe seria a doadora. Nada poderia dar errado, somos mãe e filha.

Ela nunca me deixou na mão! Mas agora, eu não sei... Estou confusa.

Gabriel — Calma, Valquíria. Vai dar tudo certo.

Valquíria — Eu queria muito acreditar nisso, Gabriel. Mas eu não sou como você.

Gabriel — Como eu?

Valquíria — Um dragão milenar neste hospital, um herói que mesmo estando desenganado vence a morte todos os dias e brilha feito um sol.

Gabriel — Mas o prazo de validade desse dragão já está acabando. Qual a chance de aparecer uma medula pra mim?

Valquíria — Você tem tantas chances quanto eu.

Gabriel — Então? Se eu tenho chances, por que você não teria?

Valquíria — Eu sou uma novata, não sei lidar com essas coisas.

Gabriel — Você tem a sorte dos principiantes, tem o tempo a seu favor. Outras esperanças ainda vão chegar.

Valquíria — A esperança é muito frágil.

Gabriel — A esperança é frágil, mas é linda.

Valquíria — E por que não deu certo?

Gabriel — O problema foi você ter apertado as mãos com muita força. Você esmigalhou a esperança entre os dedos.

Valquíria — E como eu tenho que fazer?

Gabriel — Deixe que ela pouse em você.

Valquíria — É assim que você faz?

Gabriel — É o que me dá força. Mais cedo ou mais tarde, as esperanças vêm e anunciam as certezas.

(Valquíria levanta e dá um abraço em Gabriel.)

cena 9

Valquíria *(alegre)* — Bom dia!

Gabriel *(seco)* — Bom dia.

Valquíria *(falando sem parar)* — Olha, Gabriel. Eu sei que ontem eu estava péssima, mas tudo bem, já passou. Não precisa ficar com essa cara. Minha mãe falou que a minha prima vai fazer os exames e de repente tudo dá certo mesmo, sei lá! É o que você disse, preciso deixar a esperança pousar em mim.

Gabriel *(com uma cara péssima)* — Fico feliz por você.

Valquíria — Ai! Eu não estou acreditando... Será que tudo vai dar errado ao mesmo tempo?

Gabriel — Não, é claro que não. Eu só acho que a gente precisa conversar.

Valquíria — Poxa, Gabriel, vamos dar uma chance pra gente. Que foi? Está me achando chata e quer terminar? Eu estava tão contente com você, estava otimista com essa história da minha prima e você me joga esse balde de água fria.

Gabriel — Ei, eu não disse nada, como é que você sabe o que eu ia falar?

Valquíria — É sempre a mesma história. Quando a gente está namorando e o garoto vem com esse papo de "a gente precisa conversar", não precisa dizer mais nada. Nunca leu essa cena em nenhum dos seus livros?

Gabriel — Isso é papo de novela.

Valquíria — Todo mundo que já namorou sab... Ei! Você já tinha namorado antes?

Gabriel (*encabulado*) — Eu já tive umas histórias...

Valquíria — Histórias tudo bem. Mas e namoro, já ou não?

Gabriel — Não.

Valquíria — Nunca?

Gabriel — Eu tentei duas vezes: com uma plantonista e com uma faxineira, mas não deu certo! As duas me dispensaram.

Valquíria — Então você era B.V.?

Gabriel — B.V.?!

Valquíria — Boca Virgem, alguém que nunca tinha beijado antes. Você não sabia o que é?

Gabriel (*mentindo descaradamente*) — Claro que sabia. Eu estava testando você.

Valquíria — Então responde: era B.V. ou não?

Gabriel — Na prática, era.

Valquíria — Como assim "na prática"?

Gabriel — Eu já tinha beijado no espelho.

Valquíria — E como foi?!

Gabriel — Sem graça.

Valquíria — Sem graça?!

Gabriel — O espelho é frio e não tem o encontro das línguas, isso é que é o bom.

Valquíria — Não, bobão! Como foi me beijar? Como foi o seu primeiro beijo?

Gabriel — Foi maravilhoso. Você foi a melhor coisa que aconteceu na minha vida.

Valquíria — E por isso você quer terminar o nosso namoro?

Gabriel — É. Quero dizer, não. É que não vai dar certo.

Valquíria — Por quê? Eu gosto tanto de você... Você não gosta de mim?

Gabriel — Gosto, mas é que... Das duas uma: ou você sai daqui e eu fico atrapalhando a sua vida lá fora, ou então eu morro e atrapalho a sua vida aqui dentro. Eu não quero nada disso. Cada minuto antes da morte é um minuto de vida. Eu não quero você perdendo tempo comigo.

Valquíria — E o que eu quero não importa?

Gabriel — Claro que importa.

Valquíria — Pensa uma coisa: se esses forem os últimos minutos das nossas vidas o melhor é que eles sejam minutos felizes.

Gabriel — Mas não seria justo. Eu estou com o pé na cova. Você sabe disso.

Valquíria — E se a minha prima também não puder ser doadora? E se der tudo errado? Se o meu corpo rejeitar o outro fígado? Quem garante que eu não vou morrer antes de você? Também não seria justo comigo, seria? Eu estou com o pé na cova tanto quanto você. Deixa de ser bobo, Gabriel. Deixa a esperança pousar em você também.

Gabriel — É. Você está coberta de razões.

Valquíria — Então nós continuamos namorando?

Gabriel — "Que seja infinito enquanto dure."

Valquíria — Vinicius de Moraes?

Gabriel — Parabéns, espertinha.

cena 10

(Cada um em sua cama. Valquíria tem um pesadelo.)

Gabriel *(acordando Valquíria)* — O que foi? Está tudo bem?

Valquíria — Eu tive um sonho ruim.

Gabriel — Quer me contar?

Valquíria — Não. *(pausa)* Sonhei que eu estava me afogando.

Gabriel — Você não confia em mim?

Valquíria — Claro que eu confio. Eu só não quero falar mais nada. Só isso.

Gabriel — E de você?

Valquíria — O que é que tem?

Gabriel — Por que você não me fala a verdade sobre você?

Valquíria — Que verdade?

Gabriel — Eu sei que você não teve hepatite C. Eu sempre soube.

Valquíria — Quem disse isso?!

Gabriel — Se você tivesse hepatite C os médicos não iam deixar você dividir o quarto comigo. Eles não iam correr nenhum risco de contágio.

Valquíria — Mas eu já estou bem da hepatite. Agora é só fazer o transplante.

Gabriel — Ei! É feio mentir para alguém que está morrendo. Eu sei que não é isso.

Valquíria — O que é que você sabe?

Gabriel — Intoxicação medicamentosa. Foram os remédios que você tomou que causaram a sua cirrose. Não teve hepatite nenhuma. Eu li o seu prontuário.

Valquíria — Isso é invasão de privacidade! Você não tinha esse direito!

Gabriel — E você tinha o direito de mentir para mim?!

Valquíria — Essa é uma mentira inofensiva, não muda nada. Eu tenho cirrose e preciso fazer um transplante. Esse é o fato.

Gabriel — Não. O fato é que você era uma garota saudável, se entupiu de remédios e agora não tem como voltar atrás: ou faz um transplante, ou morre.

Valquíria — Isso é problema meu, não é seu!

Gabriel — Isso é problema meu também! É problema do seu pai, da sua mãe, é problema de todo mundo que gosta de você.

Valquíria — Minha prima vai ser a doadora, logo, logo o problema vai estar resolvido e você vai se livrar de mim.

Gabriel — Eu torço para que você realmente tenha essa sorte.

Valquíria *(assustada)* — Gabriel!...

Gabriel *(instintivamente, leva um lenço ao nariz)* — O que foi?

Valquíria *(assustada)* — Você está sangrando!

cena 11

(Silêncio. Cada um em sua cama. Gabriel cheio de fios e tubos.)

Valquíria — Já está tudo bem?

Gabriel *(sincero)* — Acho que não. Parece que eu tenho uma hemorragia.

Valquíria — Então é sério?!

Gabriel — Talvez.

Valquíria *(insegura)* — Eu queria pedir desculpas.

Gabriel — Por que isso agora?

Valquíria — Eu não precisava ter mentido para você.

Gabriel — Eu sei que você não precisava mentir, você é que não sabia.

Valquíria — Mas é que a gente ouve tantas mentiras o tempo todo que acaba achando que mentir é um caminho simples para aliviar a dor.

Gabriel — Mas depois a dor vem mais forte...

Valquíria — E a mentira vira uma bola de neve que acaba passando por cima da gente.

Gabriel — O.k. Já passamos dessa parte. Eu só queria entender o porquê?

Valquíria — Eu não sei direito... Acho que depressão. Foi tão forte que eu não consegui me controlar. Eu fui me enchendo de dor e de medo... Até que eu desisti.

Gabriel — E você não pediu ajuda a seus pais?

Valquíria — Eu tive vergonha. Tive medo de que eles não me compreendessem.

Gabriel — Mas você não diz que eles são ótimos?!

Valquíria — Eles são maravilhosos. Eles sempre fizeram de tudo para que eu pudesse ter um futuro melhor que o deles, mais seguro, mais brilhante...

Gabriel — Então qual era o problema de falar com eles?

Valquíria — Eu não queria que eles achassem que a minha depressão era culpa deles, que eu não estava satisfeita. Eu não queria que eles se decepcionassem comigo.

Gabriel — Você acha que eles ficariam decepcionados porque você confiou neles e pediu ajuda?

Valquíria — Eu achei melhor esconder tudo deles! Naquela hora eu simplesmente não pensei. Fiquei completamente lesada. Irracional. Burra.

Gabriel — Eu me agarrando à vida, e você querendo jogar a sua pela janela?

Valquíria — É. Eu acabei fazendo tudo errado.

Gabriel — Nisso eu tenho que concordar: você fez tudo errado.

Valquíria — Você ficou muitos anos aqui dentro, talvez não consiga entender.

Gabriel — Se você disser, eu entendo.

Valquíria — O mundo gira muito rápido. Num instante somos criança, num outro já estamos crescidos. De repente, eu me vejo com uma arma na cabeça e tenho que definir uma vida inteira. Tudo parece muito definitivo. São muitas informações e muitas escolhas ao mesmo tempo, isso deixa a gente tonta. Sem saber para onde ir.

Gabriel — Mas "não há caminhos, há que caminhar".

Valquíria — Mas eu estava me sentindo num beco sem saída. Eu achei que a minha única chance era escalar um muro imenso e pular.

Gabriel — Mas pular pra onde? Pra encontrar o quê?

Valquíria — Eu não sei! Tudo que eu queria era parar o tempo! Queria ver através do muro.

Gabriel — E o que você viu?

Valquíria — Nada. Tudo ficou muito pior... Embaçado. Foi a pior coisa que eu pude fazer para minha vida. Parecia que eu estava caindo em uma piscina de águas escuras e frias. Eu fiquei paralisada. E agora, eu tenho que conviver com a certeza de que eu só estou aqui por minha própria culpa.

Gabriel — E quando você abriu os olhos, como foi?

Valquíria — Parecia que eu estava saindo da escuridão para a luz. Eu quase abri mão da minha vida por nada, por pura inconseqüência. Burrice mesmo. *(pausa)* Você acha que os meus pais algum dia vão me perdoar?

Gabriel — Claro, Valquíria. Seus pais amam você. É só você entrar nos eixos. Vocês já conseguiram falar abertamente sobre isso?

Valquíria — Ainda não, eu ainda não tive coragem. Sempre que eles tentam falar eu me esquivo, mudo de assunto, fico em silêncio... Eu não sei o que dizer.

Gabriel — Diga a verdade. Um assunto mal resolvido dá margem a muitas interpretações. Você não precisa correr o risco de errar de novo.

Valquíria — Eu sei, eu vou dar um jeito de falar com eles.

Gabriel *(mudando de assunto)* — E depois? O que você vai fazer quando sair daqui?

Valquíria — Caminhar com os olhos bem abertos para tentar perceber alguma estrela que eu queira alcançar. E você, vai fazer o que quando sair daqui?

Gabriel — Eu não tenho pensado nisso. Acho que a minha hora está chegando. É a primeira vez que eu tenho uma hemorragia forte desse jeito.

Valquíria — Que bobagem! Quem garante que você vai morrer?

Gabriel — Eu sou profissional. Estou nessa há oito anos. Eu sei como acontece. Eu conheço os sintomas. É sempre a mesma coreografia.

Valquíria — Que sintomas? Que coreografia?

Gabriel — O correto seria que eu estivesse numa UTI. Mas eles me deixaram ficar aqui, porque eu pedi. Porque eu disse que gostaria de ficar no quarto, disse que eu me sentiria melhor aqui.

Valquíria — Então? Eles querem que você fique melhor, mais animado?

Gabriel — Não. Para algumas coisas, não existe querer ou não querer. Quando as enfermeiras começam a nos tratar melhor do que de costume, pode começar a desconfiar.

Valquíria — Quem disse isso?

Gabriel — Quantas vezes eu preciso te falar? Eu sou um dragão neste hospital. Estou aqui há oito anos.

Valquíria — Cada caso é um caso, Sr. Dragão. Você já está falando besteira.

(Risos. Pausa. Eles se olham.)

Gabriel — Dança comigo?

Valquíria — O quê?

Gabriel — Eu quero dançar. Dança comigo?

Valquíria — Você não pode. Você já falou demais.

Gabriel — Eu quero dançar antes de morrer.

Valquíria *(brinca)* — Chantagista!

(Os dois dançam, ao som de "Stardust". Gabriel passa mal e cai. Blecaute.)

cena 12

(Como se os espectadores fossem transportados para dentro da cabeça de Gabriel, muitas vozes dizendo frases desconexas são ouvidas. São: médicos, enfermeiros, Valquíria e, até, a voz do próprio Gabriel. De súbito, uma sirene. Som de aparelhos de hospital. Silêncio.)

— Emergência nível 3.

— Tragam os aparelhos.

— Bombear o sangue. Agüenta firme. Bombear o sangue.

— Valquíria. A juventude está transbordando.

— Medula. Fígado. Pulmão. Bisturi.

— Você consegue, Gabriel!

— Filtra! Filtra!

— "Tudo vale a pena quando a alma não é pequena."

— Bisturi. Medula. Fígado. Pulmão.

— Atenção aos batimentos cardíacos.

— Tente estabilizar!

— Hormônios à flor da pele.

— Gabriel. Valquíria.

— Coração. Respira. Coração. Respira. Coração. Respira.

— A família. Quem vai falar com a família? Quem vai falar com a família?

cena 13

(A luz volta aos poucos. Como no início do espetáculo, Gabriel e Valquíria estão cada um em uma extremidade do palco, em lugares diferentes. Gabriel está em coma, e Valquíria, sozinha em seu quarto. Como se falassem para si mesmos, falam para a platéia. Mais uma vez, as falas são bem ritmadas e chegam a parecer que estão conversando, mas não estão.)

Valquíria — Quando os olhos dele se fecharam e eu senti que ele estava escapando pelas minhas mãos eu não sabia o que fazer.

Gabriel — Eu sabia que eu estava caindo, mas não era isso que eu estava sentindo.

Valquíria — Eu tentava falar com ele. Mandava ele se levantar, mas ele não respondia.

Gabriel — Eu ouvia. Mas não conseguia reagir. Eu via a Valquíria me olhando e ficava me lembrando da primeira vez que eu a vi. Não conseguia pensar em outra coisa.

Valquíria — Eu não conseguia pensar em nada. Tudo que eu sabia era que não queria perder o Gabriel. Eu estava completamente apaixonada por ele.

Gabriel — Completamente brava por estar dividindo o quarto com um absoluto estranho. Completamente linda.

Valquíria — Finalmente a equipe de emergência chegou. Colocaram Gabriel em uma maca e levaram ele pra longe de mim.

Gabriel — Eu fiquei em coma por três dias. E embora eu não ouvisse nada eu sonhava o tempo todo. Eu nunca tinha passado por essa experiência.

Valquíria — Foram três dias sofridos. Eu mal conseguia dormir.

Gabriel — Eu sonhava que estava contando para Valquíria o significado do nome dela.

Valquíria — Eu fiquei aflita. Eu morria de preocupação, sem poder falar com ele, achando que a morte dele era culpa minha. Que o meu nome não trazia boa sorte.

Gabriel — Valquíria.

Valquíria — Que meu nome estava intimamente ligado à morte.

Gabriel — Valquírias: mensageiras dos deuses, guias dos combates. Aquelas que acompanham os guerreiros ao Paraíso.

Valquíria — Gabriel: homem de Deus. Anjo mensageiro da luz e da vida.

Gabriel — Valquíria: símbolo do heroísmo e do descanso do guerreiro.

Valquíria — Quando ele acordou do coma, tudo que eu queria era falar com ele.

Gabriel — Quando eu acordei do coma, o que eu mais queria era falar com ela.

(Os dois se olham.)

Valquíria e Gabriel *(os dois falam juntos)*
— Eu tenho tanta coisa pra te dizer.
— Diz.
— Diz você.
— Pode falar.
— Fala.

Gabriel *(ansioso)* — No coma, eu pensei em você o tempo todo. Fala você agora.

Valquíria *(serena)* — É uma coisa boa.

Gabriel — Sua prima?

Valquíria — Como você sabe?

Gabriel — Eu li a felicidade nos seus olhos. Quando vai ser o transplante?

Valquíria — Assim que você estiver melhor.

Gabriel — Não perde tempo. Não me espera.

Valquíria — Você é que vai precisar me esperar.

Gabriel — Eu esperei a vida inteira para você aparecer. E você me deu os dias mais felizes da minha vida.

Valquíria — Você não está me entendendo. Minha prima não tem compatibilidade comigo, ela não vai poder doar o fígado para mim...

Gabriel — Não?!

Valquíria — Não. Ela é compatível com você. Ela vai ser a sua doadora. Você vai receber uma nova medula. Ainda não é dessa vez que você vai para o céu.

Gabriel — Isso é verdade?

Valquíria — Eu não minto para você. Quero dizer: não mais.

(Os dois se abraçam.)

cena 14

(Gabriel se veste como se fosse a uma festa.)

Gabriel — O mundo dá muitas voltas. Tantas que às vezes a gente fica um pouco perdido, sem saber para onde ir. Como se estivéssemos sem ar, num turbilhão. Mas no centro desse redemoinho, desse furacão, existe um ponto calmo, um ponto de paz, onde o nosso espírito encontra sua verdadeira natureza e vibra silencioso e feliz.

Valquíria — Esse ponto de paz é a morte?

Gabriel — Não. Esse ponto de paz é a vida. Nossa vida nasceu da mistura de um sopro divino e da explosão de uma estrela que espalhou luzes pelo céu e criou o nosso sistema solar. Cada planeta, lua ou cometa é feito dos mesmos prótons, nêutrons e elétrons que formam tudo o que existe.

Valquíria — Por que você está me dizendo essas coisas?

Gabriel — Porque eu quero que você saiba que cada um de nós faz parte dessa infinita poeira de estrelas que compõe o universo, dessa mistura de prótons, nêutrons e elétrons, dessa mistura de luz e paixão. Cada um de nós é responsável por manter a harmonia da vida.

Valquíria — E como é que se faz isso?

Gabriel — Sem deixar que nada ou ninguém passe uma borracha na nossa existência. Parece difícil, mas é simples, basta sonhar e viver.

Valquíria — Pára de me falar essas coisas. Você enfrentou a barra até agora. Agüenta um pouco mais. Vai dar tudo certo.

Gabriel — Já deu tudo certo. Eu estou inteiro, tenho você comigo. Eu já estou muito perto do meu horizonte. Não posso voltar atrás.

Valquíria — Ei! Você é um dragão, cara, um herói, lembra?

Gabriel — Um dragão eu sempre fui, mas foi você que fez de mim um herói. Você é tão cheia de vida... acho que você me contaminou e eu aprendi a viver de novo.

Valquíria — Então? Você tem que ficar mais. Viver mais. Os dragões e os heróis são eternos.

Gabriel — Eu já estou pronto. Você deu à minha vida algo que eu nunca imaginei viver.

Valquíria — Quem sabe a medula da minha prima não é o seu dragão?

Gabriel — Infelizmente não é. Se ela tivesse chegado um pouco antes, talvez.

Valquíria — Será que você vai morar em alguma estrela?

Gabriel — Minha estrela é você. Eu vou sair daqui e vou morar no seu imaginário. Eu sou um dragão, lembra?

Valquíria — E eu vou levar você comigo pela minha vida inteira.

(Gabriel pega suas coisas. Tira os fios que o prendem aos aparelhos.)

Valquíria — Você não pode ficar mais um pouquinho?

Gabriel — Tudo que existe tem seu tempo.

Valquíria *(tentando achar argumentos)* — E o meu tempo? Será que você não faz parte dele?

Gabriel — Fiz, faço e farei. Em cada tempo de uma maneira diferente. Cada um tem que seguir o seu caminho. Você tem muita estrada pela frente. Daqui a pouco, o seu fígado aparece e você sai daqui.

Valquíria — Como é que você sabe?

Gabriel — Eu já estou mais pra lá do que pra cá. Eu posso sentir. Os dragões são muito ligados às esperanças, elas estão sussurrando verdades no meu coração.

Valquíria — Você é o máximo, Gabriel.

Gabriel *(rindo)* — Achei que você não fosse reconhecer nunca.

(Ela abraça Gabriel. Ele não se move, apenas sorri.)

Gabriel *(entregando o seu caderno de anotações)* — Toma. Quero que você fique com isso.

Valquíria — O seu caderno de anotações?

Gabriel — A última frase eu anotei pensando em você.

Valquíria — Pensando em mim?

Gabriel — É, sonhando. Fala de nós dois, do nosso encontro.

Valquíria *(abrindo o caderno, ansiosa, querendo ler)* — É a frase da Clarice Lispector?

Gabriel — É. Depois que eu for, leia pensando em mim.

(Gabriel beija Valquíria e entrega a ela a imagem de um dragão, talvez uma pequena escultura, ou um desenho feito à mão. Ele caminha em direção ao ciclorama. O cenário se abre e ele entra em um feixe de luz. Mais uma vez, o cenário fica repleto de estrelas.)

Valquíria — "Se em um instante se nasce e se morre em um instante, um instante é o bastante para a vida inteira."

(A luz baixa sobre Valquíria. Por um momento apenas as estrelas ficam iluminadas.)

CAI O PANO

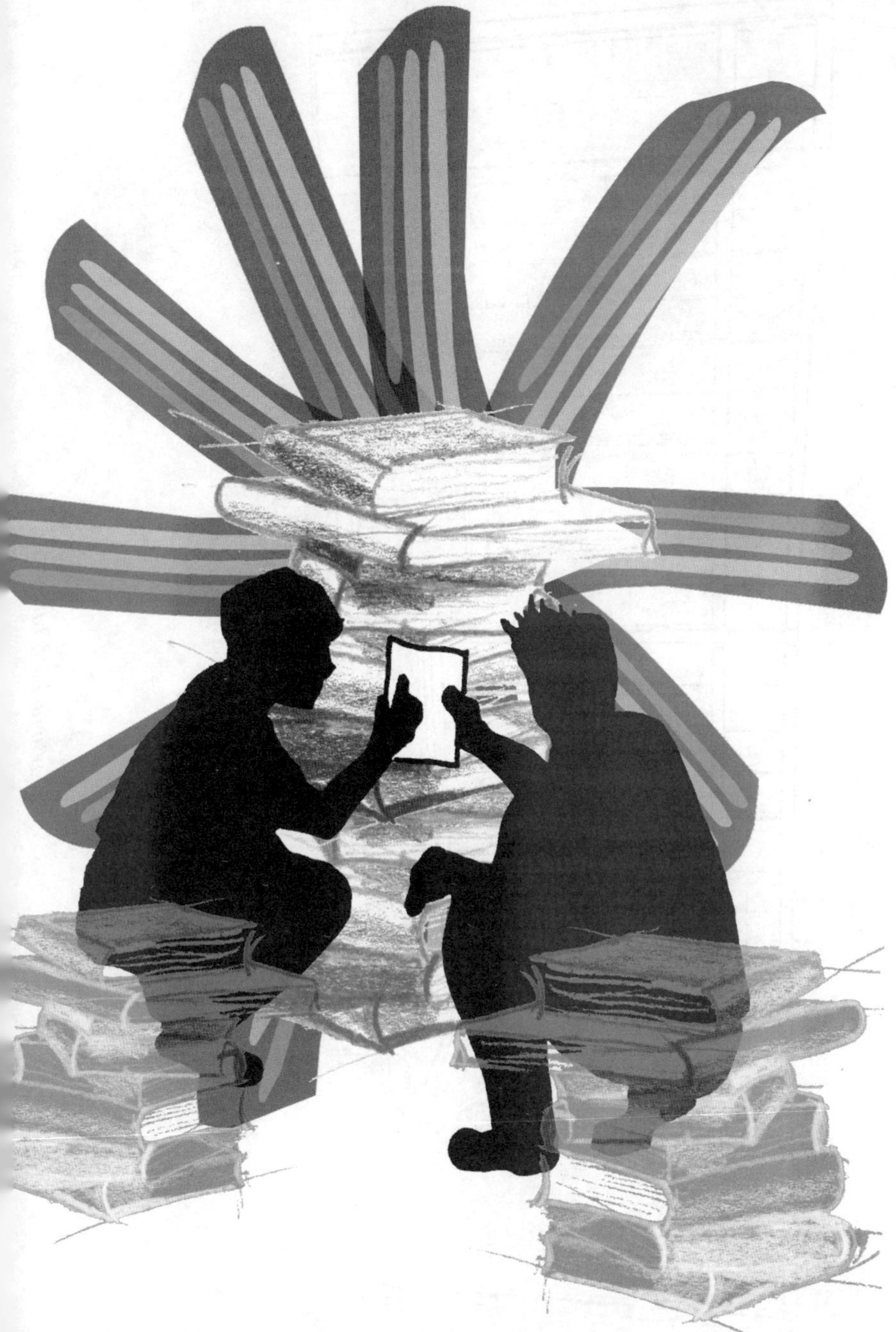

Quarto do hospital

Jardim

Dragão — aparição

lista de citações e referências

despertando para sonhar

Citações

"Sabemos o que somos, mas não sabemos o que poderíamos ser." *(William Shakespeare)* – p. 25

"Nem tudo é aquilo que lhe parece." *(Provérbio popular)* – p. 25

"Existem mais mistérios entre o céu e a terra do que julga a nossa vã filosofia." *(William Shakespeare)* – p. 26 e 57

"O futuro está firme, nós é que nos movimentamos no espaço infinito." *(Rainer Maria Rilke)* – p. 32

"Aquilo que chamamos de 'destino' sai de dentro dos homens em vez de entrar neles." *(Rainer Maria Rilke)* – p. 32

"Os navios ficam a salvo nos portos, mas eles não foram feitos para ficarem ancorados." *(Provérbio popular)* – p. 35

"O essencial é invisível aos olhos." *(Antoine de Saint-Exupéry)* – p. 38

"Para ser grande, sê inteiro. Nada teu exagera ou exclui. / Põe o quanto és no mínimo que fazes. / Assim, em cada lago, a lua toda brilha porque alta vive." *(Fernando Pessoa)* – p. 39

"Mesmo as noites sem estrelas podem anunciar a aurora de uma grande realização." *(Martin Luther King)* – p. 40 e 57

"Você vê coisas e se pergunta: por quê? Mas eu sonho com coisas que jamais existiram e me pergunto: por que não?" *(George Bernard Shaw)* – p. 40

"O fracasso é apenas uma oportunidade para recomeçar com mais inteligência." *(Henry Ford)* – p. 41

"O alcance do homem deve ir além da sua mão." *(Robert Browning)* – p. 50

"Quem não arrisca, não petisca!" *(Provérbio popular)* – p. 51

"Quando nascemos, saímos da escuridão para um espaço iluminado." *(Kurt Weill)* – p. 51

"A luz é inseparável da sombra, o vôo da queda." *(Octavio Paz)* – p. 51

"Que é a vida? Um frenesi. Que é a vida? Uma ilusão, uma sombra, uma ficção? A vida é sonho, e os sonhos sonhos são." *(Calderón de la Barca)* – p. 58

Referências

"Fiat lux!" (*Alusão à passagem bíblica sobre a criação do universo.*) – p. 25

"Colaborar ou não colaborar? Eis a questão." (*Alusão à frase de William Shakespeare "Ser ou não ser? Eis a questão."*) – p. 27

"Olhe aqui, garoto, eu não sou o gênio da lâmpada." (*Alusão a "Aladim e a lâmpada maravilhosa", do livro* As 1.001 noites.) – p. 37

"Heráclito, o filósofo grego." (*Referência a Heráclito de Éfeso, que tem como um de seus aforismos: "Ninguém se banha duas vezes no mesmo rio."*) – p. 45

O trecho do julgamento de Joseph Brodsky da cena 14 foi reproduzido e comentado em diversas publicações, inclusive nas revistas *L'Express* e *Encounter*. E no Brasil, na revista *Cadernos Brasileiros* n° 25 e no livro *Gulag, uma história dos campos de prisioneiros soviéticos*, de Anne Applebaum, tradução de Mário Vilela e Ibraíma Dafonte. – p. 47 a 49

poeira de estrelas

Citações

"...não habitar mais a terra. (...) Abandonar até o próprio nome como se abandona um brinquedo partido. Estranho não desejar mais os nossos desejos. Estranho ver no espaço tudo que se encadeava esvoaçar, desligado." *(Rainer Maria Rilke)* – p. 72

"Que seja infinito enquanto dure." *(Vinicius de Moraes)* – p. 102

"Não há caminhos, há que caminhar." *(São João da Cruz)* – p. 107

"Tudo vale a pena quando a alma não é pequena." *(Fernando Pessoa)* – p. 110

"Se em um instante se nasce e se morre em um instante, um instante é o bastante para a vida inteira." *(Clarice Lispector)* – p. 116

Referências

"Decifra-me ou te devoro." *(Alusão ao drama vivido por Édipo, personagem trágico do poeta grego Sófocles.)* – p. 92

"Eu já fui várias vezes a Pasárgada." *(Alusão ao poema de Manuel Bandeira "Vou-me embora pra Pasárgada".)* – p. 93

"Eu já dei a volta ao mundo em oitenta dias..." *(Alusão ao livro de Júlio Verne* A volta ao mundo em 80 dias.*)* – p. 93

"Stardust" *(música de Mitchell Parish e Hoagy Carmichael)* – p. 109

glossário de termos teatrais

Ato: Cada uma das maiores partes em que se divide uma peça teatral. Corresponde a um ciclo de ação completo, em um dado espaço de tempo. O ato costuma ser dividido em cenas.

Bambolina: Faixa de pano ou papel que serve tanto para esconder alguma coisa presa no teto quanto para regular a altura da cena.

Bastidores: São as partes do palco, aos lados e ao fundo da cena, escondidas da visão do público. Normalmente, os atores aguardam a hora de entrar em cena nos bastidores. Também chamados de "coxias", "pernas" ou "tapadeiras".

Blecaute ou *black-out*: Quando todas as luzes se apagam, criando uma total escuridão no palco.

Boca de cena: Abertura que delimita a visão do palco.

Cena: Na dramaturgia clássica, cena é a menor divisão de uma peça de teatro. Na literatura seu equivalente seriam os capítulos. Também é chamado de cena o espaço cênico e a representação de algum trecho da peça.

Cenário: Conjunto de elementos que decoram e delimitam o espaço cênico. Os elementos do cenário podem ser construídos, projetados ou sugeridos por detalhes simbólicos.

Cenógrafo: Aquele que cria os cenários.

Cenotécnico: Aquele que constrói o cenário.

Ciclorama: Grande tela em curva, geralmente de cor clara, que circunda todo o fundo do palco. O ciclorama é usado normalmente para se obter efeitos de iluminação e também para cobrir o fundo do palco.

DIRETOR: Aquele que concebe, elabora e coordena o espetáculo a partir de uma idéia, texto ou roteiro.

FIGURINISTA: Aquele que cria os figurinos.

FIGURINO: Roupas usadas pelos atores durante o espetáculo.

MARCAÇÃO OU MARCA: Indicação dada pelo diretor do espetáculo aos atores, incluindo tudo o que os atores devem dizer ou fazer em cena.

PALCO: Local onde os atores representam.

PROSCÊNIO: Espaço do palco que fica na frente da boca de cena.

QUARTA PAREDE: Parede imaginária que estaria no lugar da boca de cena. Na convenção teatral, esta parede é invisível, possibilitando ao espectador a visão do espetáculo.

RUBRICA: No texto, é a indicação do autor para orientar o comportamento dos atores, a direção e a descrição das cenas e cenários.

SET: Cenário ou local de filmagem, no cinema.

URDIMENTO: Estrado com roldanas, por onde passam as cordas que seguram as *varas* onde os maquinistas amarram os cenários, luzes ou objetos que tenham de subir ou descer durante o espetáculo.

VARAS: Traves de madeira ou metal onde se penduram refletores, cenários etc.

Foto de Brasílio Wille

Eduardo Bakr é ator, escritor, professor de educação artística, com formação em teatro (UniRio) e especialista em literatura infanto-juvenil (UFF). É autor dos livros infantis: *Olhos de vaca*, *A rainha e o vento* e *Papo de anjo*. Entre outras peças de teatro, escreveu: *Correndo nas veias*, *Momento de decisão!*, *Olhos de vaca* e *O pacto* — todos espetáculos produzidos pelo Projeto Teatro Jovem.

Edição
Izabel Aleixo
Daniele Cajueiro

Revisão
Anna Carla Ferreira
Izabel Cury
Patrícia Reis

Produção gráfica
Ligia Barreto Gonçalves

Projetos cenográficos
Edward Monteiro

Este livro foi impresso em São Paulo, em junho de 2005,
pela Lis Gráfica e Editora, para a Editora Nova Fronteira.
A fonte usada no miolo é Hoefler Text, corpo 11/14.
O papel do miolo é offset 75g/m², e o da capa é cartão 250g/m².

Visite nosso *site*: www.novafronteira.com.br